PEQUEÑAS REBELDES

PEQUEÑAS REBELDES

100 PERSONAJES INOLVIDABLES QUE CAMBIARON LA HISTORIA

DESTINO

Desarrollo editorial: Anónima Content Studio
Coordinación editorial: Daniela Alcalde y Carlos Ramos
Redacción: Micaela Arizola, María José Fermi e Iván Herrera
Coordinación de ilustración y diseño: Estéfano Onofre y Franco Zegovia
Ilustraciones: Stephany Lara, Estéfano Onofre, Kattia Onofre, Camila Palacios,
Emilio Romero y Paola Ticacala

Bajo el sello editorial DESTINO INFANTIL & JUVENIL M.R.
Avenida Presidente Masarik núm. 111,
Piso 2, Polanco V Sección, Miguel Hidalgo
C.P. 11560, Ciudad de México
www.planetadelibros.com.mx

Primera edición en formato epub: julio de 2024
ISBN: 978-607-39-1660-8

Primera edición impresa en México: julio de 2024
ISBN: 978-607-39-1560-1

Impreso en los talleres de Litográfica Ingramex, S.A. de C.V.
Centeno núm. 162-1, colonia Granjas Esmeralda, Ciudad de México
Impreso y hecho en México / *Printed and made in Mexico*

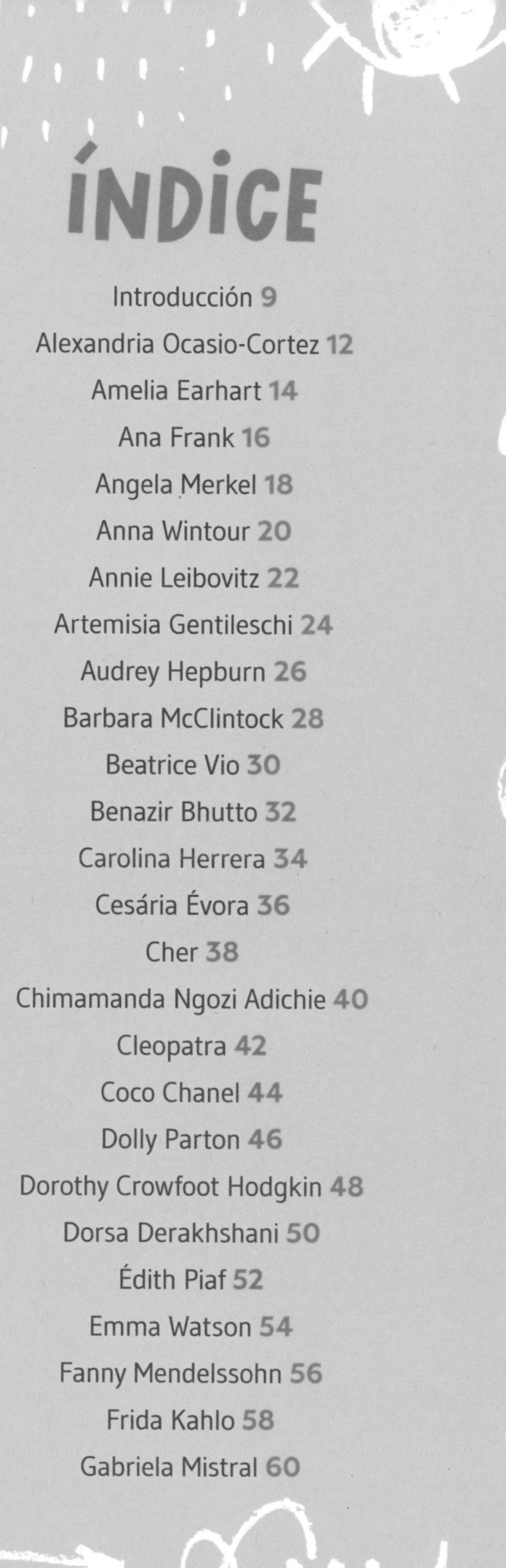

ÍNDICE

INTRODUCCIÓN

Este libro forma parte de una colección de historias de vida de **mujeres y hombres** que han transformado el rumbo de la humanidad. Con sus acciones, descubrimientos o reflexiones, así como su espíritu inconforme, se detuvieron a mirar su mundo, lo cuestionaron y decidieron cambiarlo.

Los cien personajes elegidos para cada libro representan una pequeña muestra de lo que mujeres y hombres pueden lograr si creen en sus potenciales. A través del arte, la ciencia, el deporte o la política, estos **ejemplos de rebeldía** lograron hacer sus sueños realidad, con mucho esfuerzo y creatividad, además de paciencia, persistencia y poco miedo al fracaso.

Todos tienen algo en común: su niñez. Fue allí cuando recibieron los estímulos para ser quienes fueron o nació su conflicto y la necesidad de transformarse en algo más. Como dijo la pedagoga italiana María Montessori: «Siembra en los niños ideas buenas aunque no las entiendan... los años se encargarán de descifrarlas en su entendimiento y de hacerlas florecer en su corazón».

Por ello, hemos contado sus historias desde un inicio, para inspirar —a grandes y chicos— a cambiar lo que los rodeaba. Desde la empatía y la admiración, se puede fomentar la autoestima, desarrollar la imaginación y demostrar que la confianza en uno mismo es el más grande motor para **transformar el mundo.**

¡Importante!

A continuación, puedes ver los iconos que encontrarás a lo largo del libro. Estos te permitirán saber en qué área se desarrolló cada una de las pequeñas rebeldes.

DEPORTE

Comprende distintas actividades físicas que requieren entrenamiento, se llevan a cabo en el marco de competencias y bajo ciertas normas.

ARTE

Abarca a las diferentes expresiones de la creatividad humana, tales como la literatura, la pintura, la música, el cine, entre muchas otras.

POLÍTICA

Se refiere a diversas actividades que influyen en la sociedad y están relacionadas con el poder, la reflexión y el cambio social.

CIENCIA

Es el conjunto de conocimientos verificables que permiten comprender el mundo y cambiar ciertos aspectos de la realidad.

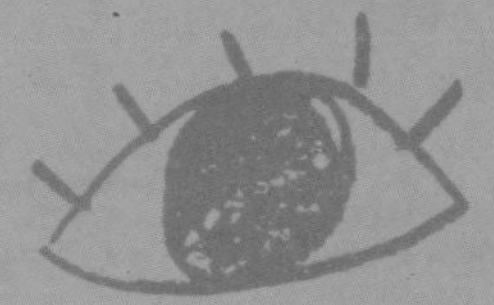

«En la mayor parte de la historia, Anónimo era **una mujer**».

Virginia Woolf
en *Una habitación propia.*

POLÍTICA

Estados Unidos, 13 de octubre de 1989

Alexandria Ocasio-Cortez

La congresista más joven de su país

Cuando apenas era una niña, Alexandria se dio cuenta de que en su país no todas las personas tenían las mismas oportunidades. Aunque ella nació en Nueva York, su familia era originaria de Puerto Rico y tuvo que luchar mucho por desarrollarse en Estados Unidos. Así aprendió que los migrantes que llegaban con la intención de establecerse no la tenían fácil.

Por eso, desde adolescente decidió que quería cambiar las cosas. ¿Por qué tu futuro debía depender del barrio donde vives o de qué cultura es tu familia? Alexandria pidió un préstamo y estudió en una de las mejores universidades del país: la Universidad de Boston. De día, trabajaba con políticos y organizaciones sociales. De noche, era mesera. Debía pagar su préstamo y las deudas médicas por la enfermedad de su padre.

Poco a poco, comenzó a hacerse conocida, tanto que se animó a postular para el Congreso. Aunque tenía pocas posibilidades, ganó las elecciones. ¡Con tan solo 29 años! Alexandria se convirtió en la mujer más joven y la primera latina en jurar como congresista de Estados Unidos.

Desde allí, trabaja en proponer leyes para mejorar el acceso a la educación y la salud. También impulsa temas ambientales y la igualdad para mujeres, inmigrantes y otras minorías. Con su ejemplo, Alexandria demuestra que no hay que ser un político tradicional para llegar lejos y mejorar la realidad del entorno.

AVIADORA

Estados Unidos, 24 de julio de 1897 - 5 de enero de 1939 (declarada fallecida)

Amelia Earhart

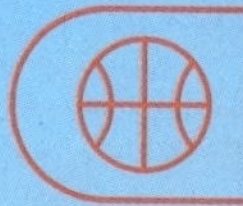

Una pionera entre las nubes

Cuando era niña, a Amelia no le gustaban las muñecas. Lo suyo era el beisbol, trepar árboles, hacer carreras y jugar con chicos de su edad. Prefería la aventura o explorar nuevos lugares en vez de ir a bailes o fiestas. A los 18 años, se marchó a Canadá y se enroló como enfermera voluntaria para atender a los heridos de la Primera Guerra Mundial. En una visita a una base militar, conoció al amor de su vida: la aviación.

En 1920, cuando tenía 23 años, el romance cobró fuerza. En un viaje a California, se emocionó al ver un espectáculo de acrobacia aérea. Pero lo mejor vino luego: acompañó a un piloto a sobrevolar la ciudad de Los Ángeles. «Apenas despegamos, sabía que tendría que volar de ahora en adelante», se dijo.

Amelia tomó clases de vuelo y, en poco tiempo, ya estaba batiendo récords. Logró elevarse más alto que ninguna otra mujer hasta ese momento. A los 34, atravesó el Atlántico sola en un avión; a los 37, consiguió algo que nadie más había podido: unir Hawái y Estados Unidos en un vuelo directo sobre el inmenso océano Pacífico.

Con su cabello corto y alborotado, esta piloto quería superar un último desafío: dar la vuelta al mundo. Para ello, cruzó el Caribe, América del Sur y llegó a África. Voló sobre Asia hasta Nueva Guinea. Solo le faltaba el último tramo hasta Estados Unidos, pero su avión se perdió en el mar. Nunca encontraron sus restos. Sin embargo, la voz de Amelia sigue resonando: «Las mujeres deben intentar hacer las cosas como las han intentado los hombres. Cuando fracasen, su derrota no debe ser sino un reto para las demás».

ESCRITORA

Alemania, 12 de junio de 1929 – febrero o marzo de 1945

Ana Frank

El testimonio que conmovió al mundo

Cuando tenía 13 años, Ana Frank soñaba con convertirse en una estrella de Hollywood. Era traviesa, vivaz, segura de sí misma; disfrutaba escribir y representar pequeñas obras de teatro en su colegio. Pero la guerra lo cambió todo. La guerra y un cuaderno forrado con una tela de cuadros: su diario.

Los nazis gobernaban Alemania en ese entonces y rechazaban a los judíos. Por eso, Ana y su familia, que eran judíos, se mudaron a los Países Bajos con la esperanza de que estarían más seguros. Sin embargo, los nazis no tardaron en invadir ese país también. Les prohibieron a los judíos ir a los parques, a los cines, a las tiendas. Les arrebataron la libertad. Cuando las cosas empeoraron, los Frank se escondieron en un departamento oculto, en la casa de unos amigos de Otto, el papá de Ana. Ahí permanecieron encerrados dos años.

Durante ese tiempo, ella escribía. En su diario, contaba cómo era la vida en su escondite. Hablaba de las peleas con su mamá, de su amor por Peter —un joven que vivía con ellos—, de sus planes para el futuro. «Lo mejor de todo es que, al menos, puedo escribir lo que pienso y siento; de lo contrario, me asfixiaría completamente», anotó un día.

En medio del encierro, descubrió que ya no quería ser actriz. Le hacía ilusión convertirse en una escritora famosa. Pero un día los nazis descubrieron su escondite y se llevaron a los Frank hacia los campos de concentración. El único que sobrevivió fue Otto y, cuando la guerra terminó, publicó el diario de su hija, que había sido celosamente guardado por sus amigos.

Aunque Ana no pudo vivirlo, el tiempo la convirtió en una de las escritoras más leídas y admiradas en el mundo. Su libro sigue emocionando a millones de personas.

POLÍTICA

Alemania, 17 de julio de 1954

Angela Merkel

De científica a líder de una nación poderosa

Trabajadora, introvertida, una chica de buenos modales: así la recordaba una antigua profesora de su colegio. Angela nació en la ciudad de Hamburgo, en Alemania, pero creció en Templin, un pueblo campestre a una hora y media de la capital, Berlín. Fue hija de una maestra de inglés y de un pastor luterano.

Desde pequeña, amaba las matemáticas y la ciencia. Por eso, cuando terminó la escuela, estudió Física en la universidad y se volvió experta en Química Cuántica, una rama de la química que aplica conocimientos de la física para analizar el funcionamiento interno de las moléculas. Trabajó durante 12 años en un laboratorio. Su profesión le enseñó a abrirse paso en un terreno dominado por hombres.

A los 35 años, entró a la política. Su país acababa de reunificarse, luego de que fuera demolido el muro de Berlín, que los dividió durante 28 años. Ese fue el escenario adecuado para que ella se uniera a un partido y, por su talento, pronto fuera nombrada una de sus portavoces. Su brillante ascenso continuó y la llevó a ser diputada y ministra de la mujer y del medioambiente.

Angela siguió avanzando hasta ponerse a la cabeza de su partido. En 2005, ganó las elecciones nacionales. Era la primera vez que, en su país, una mujer llegaba al puesto de canciller.

Cuando uno observa fotos de aquel tiempo, llama la atención que era el único rostro femenino en las reuniones de los líderes más poderosos del mundo. Permaneció 16 años en el cargo. En este tiempo, enfrentó grandes crisis con estrategia, prudencia, firmeza y actitud práctica. Gracias a la disposición al diálogo que la caracterizó, logró darle a Alemania la estabilidad que necesitaba y supo aportar a la política de la Unión Europea. En 2021, concluyó el largo gobierno de una de las mujeres más poderosas y trascendentes para la historia de Alemania y el mundo.

PERIODISTA

Reino Unido, 3 de noviembre de 1949

Anna Wintour

Una visión distinta de la moda

Anna creció rodeada de noticias. Su papá, Charles, era editor de un importante diario en Londres y, luego, su hermano también lo fue. En su casa, los temas de sobremesa eran política o economía. Y, a pesar de que ella siempre estaba atenta y opinaba, sentía que no era lo suyo.

Después de graduarse del colegio, trabajó en una *boutique*. Los colores y las texturas de las telas la cautivaron. Aprendió a admirar la precisión de un buen corte, la elegancia de una prenda bien confeccionada, el talento y arte detrás del diseño. Esta experiencia le permitió descubrir lo que realmente quería: dedicarse al periodismo de moda. A los 20 años, en Londres, fue contratada para trabajar en la importante revista *Harper's & Queen*. Tras un tiempo ahí, se fue a *Harper's Bazaar*, lo que la llevó a mudarse a Nueva York.

Si bien trabajaba en un medio reconocido, Anna quería más. Ella soñaba con ser la editora de la revista más importante de moda del mundo: la edición estadounidense de *Vogue*. Los años pasaban y ella, trabajadora incansable, pasó de una revista a otra en Nueva York y Londres, hasta que llegó su momento y se convirtió en la directora de *Vogue USA* en 1988.

Su visión de la moda, arriesgada y de avanzada, hizo que la alta costura se mezclara con prendas del día a día para crear combinaciones poderosas. Por primera vez, puso a una modelo afroamericana en la portada del número más importante de *Vogue*. Ha dedicado ediciones y entrevistas a varias primeras damas de Estados Unidos, escritoras, poetas, ambientalistas, políticas, actrices y, por supuesto, modelos de todas partes del mundo. Así, Anna ha logrado impactar a la sociedad e inspirar a más mujeres con el trabajo de otras mujeres.

FOTÓGRAFA

Estados Unidos, 2 de octubre de 1949

Annie Leibovitz

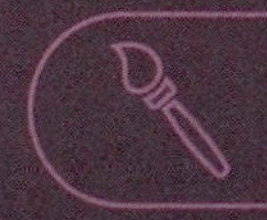

Captura lo que se escapa de la mirada de los otros

El trabajo de su papá llevó a su familia a vivir en distintos lugares del mundo. Por eso, Annie viajaba de país en país, viendo paisajes y ciudades desde el encuadre de la ventana del coche de sus padres.

Un día, en Filipinas, su forma de observar el mundo hizo clic. Ahí tomó un taller de fotografía y se enamoró del proceso de revelado. Era fascinante ver los negativos tan pequeños y seguir el proceso paso a paso para ver aparecer sobre el papel las imágenes captadas por el lente. Empezó a tomar fotos a todo lo que veía a donde iba. Cuando regresó a Estados Unidos se inscribió en el Instituto de Arte de San Francisco, pues también le interesaban la música y la escritura.

Mientras estudiaba, *Rolling Stone,* la revista de música y cultura popular, la contrató para hacer unas fotos. Annie estaba fascinada de poder mezclar sus pasiones, pues pudo conocer a muchos músicos y cantantes e irse de gira con ellos. También alternó con incontables artistas, diseñadores de modas, escritores y políticos.

Sus fotografías muestran siempre su capacidad de fijarse en detalles que otros no perciben, como si sus imágenes hablaran. Eso la ha llevado a retratar desde celebridades de Hollywood hasta a la reina de Inglaterra. Ha trabajado tanto en campañas de moda como documentando los horrores de la guerra en Sarajevo y Bosnia.

Hoy es la fotógrafa mejor pagada del mundo y fue la primera mujer en exponer su obra en la Galería Nacional de Retratos de Washington D. C. Ha recibido premios como el Príncipe de Asturias y títulos como «leyenda viviente» por la Biblioteca del Congreso de Estados Unidos. No en vano la revista *American Photo* la califica como «la fotógrafa más influyente de nuestros tiempos».

PINTORA

Italia, 8 de julio de 1593 - aprox. 1656

Artemisia Gentileschi

Un talento que se abrió camino en el arte

Artemisia, a diferencia de sus tres hermanos, mostró gran habilidad para el dibujo desde niña. Su padre, Orazio, poseía un taller de pintura y había sido alumno del gran Caravaggio, un pintor muy famoso en su época. Él estaba feliz de que su hija heredara su pasión por los colores y los pinceles, pero no todos en Roma pensaban así. En ese entonces, no se esperaba que una mujer se dedicara al arte.

Sin embargo, el gran talento de Artemisia no podía ser negado. Tras años de estudio, empezó a recibir encargos de distintas partes: Florencia, Génova, Roma y Nápoles. Aunque nunca le faltaron críticas injustas de los más conservadores, hasta los reyes Carlos I de Inglaterra y Felipe IV de España le solicitaron obras. Fue la primera mujer en hacerse miembro de la Accademia delle Arti del Disegno de Florencia.

Su pintura realista capturó escenas históricas y religiosas. En la mayoría de sus cuadros, los personajes principales fueron mujeres fuertes y aguerridas, como la reina Cleopatra de Egipto. En una época en la que ser mujer era más una debilidad que una fortaleza, Artemisia representó con su talento a las mujeres que se hicieron de una identidad, formaron parte de la historia y se convirtieron en leyenda. Tal como ella.

ACTRIZ

Bélgica, 4 de mayo de 1929 – 20 de enero de 1993

Audrey Hepburn

La actriz que buscó un mundo mejor

Desde que pisó por primera vez un estudio de *ballet*, Audrey se enamoró. Tenía 5 años y nada la hacía más feliz que bailar, tanto que soñaba con convertirse en bailarina profesional. Sin embargo, cuando se desató la Segunda Guerra Mundial, su familia decidió mudarse de Londres a Ámsterdam. Pero los horrores de la guerra también llegaron hasta allí. Aunque Audrey dejó las lecciones, siguió practicando por su cuenta.

Tras la guerra, retomó las clases, pero los años sin entrenar en serio le habían pasado factura: no podría ser *prima ballerina*. Decidió, entonces, dedicarse a la actuación. ¡Y sí que alcanzó la fama! En poco tiempo, pasó de conseguir pequeños roles a actuar en obras de teatro en Broadway y protagonizar películas de Hollywood.

Audrey apenas tenía 25 años y ya había ganado un Oscar y dos Globos de Oro. A los 41, con un Emmy, un Grammy, un Oscar y un Tony en el bolsillo, ya era una de las actrices más premiadas de todos los tiempos. Hasta hoy es admirada por sus papeles en *Desayuno en Tiffany's* y *La princesa que quería vivir*.

En el pico de su carrera, también descubrió una nueva pasión: el trabajo humanitario. Decidió dejar los escenarios para convertirse en embajadora de Unicef. Visitó escuelas en Bangladesh, campos de refugiados en Sudán, niños sin hogar en Ecuador y hasta proyectos de salud en Vietnam. Audrey dedicó el resto de su vida a utilizar su fama para dar a conocer las injusticias por las que pasaban millones de niños y cambiar su futuro.

GENETISTA

Estados Unidos, 16 de junio de 1902 - 2 de septiembre de 1992

Barbara McClintock

El Nobel que debió llegar antes

A los padres de Barbara les desconcertaba su carácter independiente. Ella disfrutaba mucho pasar tiempo sola y planeaba ingresar a la universidad para convertirse en científica. A su madre no le hacía gracia la idea, creía que su hija se volvería un bicho raro y nadie querría casarse con ella. En cambio, su padre, que era médico, sí apoyaba su deseo. Mientras ambos se ponían de acuerdo, Barbara trabajaba en una oficina y cada día iba a la biblioteca a estudiar por su cuenta.

Una vez que consiguió inscribirse en la carrera de Botánica, no tardó en brillar en la universidad. Ingresó en una banda de *jazz* y fue elegida presidenta de una asociación de estudiantes. Pero encontró la pasión de su vida cuando llevó un curso de genética, campo en el que llegó a obtener un doctorado.

Su curiosidad era infinita y nada parecía detenerla en la búsqueda de respuestas a sus interrogantes. Quería entender, por ejemplo, a qué se debían los variados colores de ciertas clases de maíz. Armada con un microscopio, observaba cómo se comportan los cromosomas de esta planta. Barbara comenzó a publicar sus descubrimientos y fue ganando prestigio. En 1945, fue nombrada presidenta de la Sociedad de Genética de Estados Unidos.

Sin embargo, en 1950, cuando divulgó su mayor hallazgo, los demás científicos se burlaron. Ella se dio cuenta de que algunos genes «saltaban» de un lugar a otro en los cromosomas, y esto cambiaba las instrucciones que daban a las células. Hasta ese entonces se pensaba que los genes eran estáticos, así que sus colegas tardaron en darle la razón. El hallazgo de Barbara ayudó a entender las mutaciones y el cáncer, y fue clave para la ingeniería genética. A los 81 años, llegó su recompensa: le otorgaron el Premio Nobel en Medicina.

ESGRIMISTA

Italia, 4 de marzo de 1997

Beatrice Vio

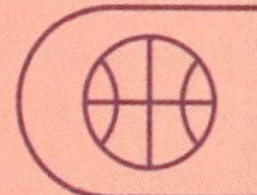

Una campeona con convicción de oro

Beatrice Vio, conocida como Bebe, descubrió la esgrima a los 5 años por traviesa. Tenía su primera clase de vóley, pero se escapó del gimnasio y terminó en un salón en el que un grupo de personas parecía pelear con espadas. Al ver su curiosidad, un profesor le ofreció un florete. Bastaron diez minutos para no querer dejarlo jamás.

Sin embargo, a los 11 años, Bebe se enfermó gravemente. Le dio meningitis y pasó cien días en el hospital. Para contener la infección, los médicos plantearon una decisión difícil: amputarle las extremidades a la altura de los codos y las rodillas o dejárselas y enfrentar el riesgo de morir. «Tomé la decisión: escogí vivir, estar con ellos», diría después, refiriéndose a su familia.

Aunque al principio se hundió en la tristeza, ella encontró en el deporte nuevos motivos para sonreír. Le contó a su padre la idea de volver a practicar esgrima. «La esgrima se basa en mover la muñeca y tres dedos. Tú no los tienes», le recordó él. «Probemos», contestó ella. Cuando su papá mencionó que nadie lo había hecho antes, su respuesta fue inmediata: «Eso no significa que sea imposible».

Bebe empezó a entrenar en la disciplina paralímpica de esgrima en silla de ruedas. Es la única atleta en el mundo que compite sin antebrazos y sin piernas. Emplea unas prótesis especiales, hechas de carbono. A los 15 años, ganó la copa mundial de este deporte; a los 19, en los Juegos Paralímpicos de Río 2016, venció en todos los combates y se llevó la medalla de oro. Su grito y llanto de alegría fue uno de los momentos más emocionantes de aquel torneo.

POLÍTICA

Pakistán, 21 de junio de 1953 - 27 de diciembre de 2007

Benazir Bhutto

Abriendo camino para las mujeres musulmanas

Desde que estaba en el vientre de su madre, Benazir ya escuchaba sobre política. Su padre y su abuelo eran líderes muy reconocidos en Pakistán y hablar de historia, economía, filosofía o religión era el pan de cada día. Creció entre ministros, diplomáticos y hasta presidentes que visitaban su casa.

En esa época, a la mayoría de las niñas pakistaníes se les educaba para que fueran esposas, madres y amas de casa. Con ella, la historia fue diferente, pues se enfocó en su educación. A los 24 años, tras estudiar en Harvard y Oxford, volvió a Pakistán. Su padre era el primer ministro, pero al poco tiempo un golpe militar lo destituyó y fue ejecutado.

Allí comenzó la lucha de Benazir por recuperar la democracia de su querido Pakistán. Perseguida por oponerse a la dictadura, pasó mucho tiempo en prisión y arresto domiciliario, incluso debió huir del país. Pese a ello, nunca dejó de alzar la voz por la libertad de su pueblo. Tras la caída del régimen, pudo volver.

En 1988, tanta lucha y sacrificio se vieron recompensados: fue elegida primera ministra de Pakistán. La «hija del Este», como le gustaba que la llamaran, fue la primera mujer en liderar un país musulmán en la era moderna. Tenía 35 años y hacía historia. En 1993, fue reelecta. Cuando volvió a proponerse candidata, en el 2007, fue asesinada en un atentado. Aún no se conoce a los responsables.

Hasta el día de hoy, el legado de Benazir permanece y continúa marcando el rumbo para las mujeres musulmanas y de todas las culturas.

DISEÑADORA DE MODAS

Venezuela, 8 de enero de 1939

Carolina Herrera

Hizo de su buen gusto un imperio

Nació en una familia con una intensa vida social. Su papá fue gobernador de Caracas, la capital de Venezuela, por lo que solían asistir a fiestas y almuerzos, cocteles y cenas. Desde temprana edad, manifestó su gusto por los caballos, también por la moda y el estilo. Podía pasar horas vistiendo a sus muñecas.

Cuando tenía 13 años, vivió una experiencia que avivó su admiración por la alta costura: en un viaje a París con su abuela, asistió a un desfile del diseñador español Cristóbal Balenciaga. Eso la inspiró para aprender a diseñar ropa por su cuenta. Creaba vestidos para sus amigas y, al crecer, también diseñó vestidos de novia para algunas de ellas. Nunca imaginó que su pasatiempo se convertiría en un trabajo; más aún, en una marca internacional.

En 1982, se mudó a Nueva York con su esposo y sus hijas. En la gran ciudad, llamaba la atención por su elegancia para vestir. A los 40 años, ella quería hacer algo nuevo con su vida y, siguiendo la sugerencia de su amiga Diana Vreeland, editora de la revista de moda *Vogue*, se animó a diseñar una colección de ropa. Ese fue el principio de su éxito. Un año después, fundó su propia casa de modas. Una de sus primeras clientes fue Jacqueline Onassis, ex primera dama de Estados Unidos.

A partir de allí, Carolina ha vestido a un gran número de personajes famosos. Su negocio se ha expandido por más de cien países. A la ropa femenina le siguieron colecciones para hombres, accesorios y perfumes. Su influencia en el mundo de la moda es tan grande que el fotógrafo peruano Mario Testino comentó en una ocasión: «Cuando alguien dice "anoche estuvo Carolina", todo el mundo sabe de qué Carolina se trata». Y ese prestigio ya hizo historia.

CANTANTE

Cabo Verde, 27 de agosto de 1941 - 17 de diciembre de 2011

Cesária Évora

La artista que no se dio por vencida

La llamaban «la Diva de los Pies Descalzos» porque le gustaba actuar sin zapatos. Era una forma de reivindicar su pasado y a los más pobres de Cabo Verde, su país, un archipiélago ubicado al oeste de África. Cuando era niña, en casa podían faltar muchas cosas, pero no la música. Su padre tocaba el violín y el cavaquinho, una especie de guitarra de origen portugués. Lito, su hermano, tocaba el saxofón. Él la acompañaba cuando, de pequeña, iba a cantar a una plaza de la ciudad.

Cesária comenzó a cantar en bares a los 16 años. Con su voz grave y melodiosa, entonaba mornas, un ritmo popular en su país que hablaba de la pena de extrañar algo querido, y apenas le daban algunas monedas. Aun así, a los 25 años se animó a grabar un disco que pronto cayó en el olvido.

Con lo que ganaba era difícil mantener sola a sus dos hijos. Aunque Cabo Verde se había independizado de Portugal, la vida no mejoraba. Frustrada por la situación dejó la música, pero un amigo cantante la convenció de volver a intentarlo.

Fue así como viajó a Portugal para probar suerte. Un productor la escuchó en una de sus presentaciones y se emocionó tanto que le propuso grabar unos discos. «Me fui con él a París a la aventura. A ver si salía la cosa o no. Y salió», contaría ella después.

Sus grabaciones llegaron a manos de un publicista francés que promovía música de distintas partes del mundo. Con su apoyo, grabó nuevos discos, cantó en clubes de *jazz* y se presentó en el prestigioso teatro Olympia de París. Su álbum *Miss Perfumado* vendió más de trescientas mil copias. Cesária realizó giras mundiales y ganó un Grammy. Tenía unos 50 años cuando se volvió famosa. Con su dinero, ayudó a mejorar los hospitales y escuelas de su país. En el aeropuerto de la isla donde creció, ahora se aprecia una estatua en su honor.

CANTANTE

Estados Unidos, 20 de mayo de 1946

Cher

Ser libre en la vida y el arte

En la escuela, Cher organizaba espectáculos improvisados en el recreo y se vestía como ninguna otra niña. La vergüenza no era parte de su vocabulario. Ella siempre supo lo que quería ser de grande: famosa. No sabía si sería cantante, actriz o figura de televisión, pero estaba convencida de que se convertiría en una estrella.

A los 16 años, decidió ir tras su sueño. Dejó las clases y se mudó a Los Ángeles. Arrancó colaborando con artistas, hasta que a los 19 dio con el boleto dorado: su sencillo *I Got You Babe* fue un éxito. Desde allí, no pararía hasta ser bautizada como «la diosa del pop».

Ha grabado 27 discos, tuvo su propio programa de televisión y ha actuado en Broadway y Hollywood. Su canción *Believe* es una de las mejor vendidas de la historia. Y todo lo hizo manteniéndose fiel a sí misma. Aproximadamente a los 20, fue la primera mujer en mostrar el ombligo en la televisión estadounidense. Hoy, que ya bordea los 80, sigue marcando tendencias con sus pelucas, transparencias y plumas.

Cher es una de las artistas más importantes de la cultura pop y es la reina de la reinvención. Por algo es la única cantante que ha podido ubicar alguna canción en las lista Billboard por seis décadas consecutivas.

Logró su sueño de ser famosa y, si alguien se atreve a cuestionarlo, su estrella en el Paseo de la Fama de Hollywood está ahí para comprobarlo.

ESCRITORA

Nigeria, 15 de septiembre de 1977

Chimamanda Ngozi Adichie

La novelista que rompió estereotipos

Como los papás de Chimamanda trabajaron durante muchos años en la Universidad de Nigeria, era habitual que llevaran a su hogar novelas clásicas de la literatura inglesa y norteamericana. Su pequeña hija creció entre libros y no tardó en empezar a devorarlos. Su pasión por la literatura se vio aumentada cuando descubrió que, en su casa, antes que su familia, había vivido el famoso escritor nigeriano Chinua Achebe.

A los 7 años, escribió sus primeros cuentos con protagonistas blancos, de ojos claros, que jugaban en la nieve y usaban palabras rebuscadas. Eso era lo que había leído hasta entonces. Sin embargo, no tardó en recordar al antiguo habitante de su hogar y comenzó a incorporar elementos y personajes africanos a sus relatos. Estaba encantada de leer y escribir, de crear mundos imaginarios con algunos detalles reales.

Aunque cursó un año de Medicina, pronto se dio cuenta de que en realidad quería ser escritora. Así que terminó estudiando Comunicación y Ciencias Políticas en una universidad de Estados Unidos. A los 26 años, publicó *La flor púrpura*, su primera novela, que obtuvo gran éxito. No obstante, fueron sus ensayos los que la llevaron a convertirse en un referente social y femenino. En *Todos deberíamos ser feministas*, *Querida Ijeawele* y *Cómo educar en el feminismo*, expone la discriminación que sufren las mujeres y cómo se pueden inculcar nuevos valores en las siguientes generaciones. Sin duda, Chimamanda busca, a través de la escritura, hacer un mundo mejor —y más feliz— para todos.

FARAONA

Egipto, enero de 69 a. C. - agosto de 30 a. C.

Cleopatra

La mujer más poderosa de su tiempo

Inteligente, audaz y con una personalidad magnética. Así fue Cleopatra, la última reina de Egipto. De niña, la famosa biblioteca de Alejandría albergó su curiosidad y alimentó su sed de conocimiento, algo que tiempo después influiría mucho en su liderazgo.

Perteneció a una familia de origen griego que llevaba trescientos años gobernando la tierra de las pirámides. Fue la única de su linaje que se tomó el tiempo para aprender la lengua local, y otras, para que su pueblo no la sintiera distante. También sabía de medicina, pero si algo conocía Cleopatra era el arte de la política.

Subió al trono a los 18 años, luego de la muerte de su padre. Debía gobernar con Ptolomeo XIII, su hermano menor, pero él insistió en reinar solo y entraron en guerra. Ella tuvo que huir, pero lejos de rendirse buscó aliarse con Julio César, el dictador de Roma. Como Ptolomeo no la dejaba entrar en la ciudad, se las ingenió para ingresar escondida dentro de un saco. A Julio César le impresionó su determinación y valentía. Con su ayuda, Cleopatra recuperó el poder.

La reina no solo defendió la independencia de Egipto al aliarse con Roma, también usó su habilidad para afianzar su poderío e hizo prosperar al pueblo. Después de que Julio César fuera asesinado, Cleopatra intentó en vano que se reconociera como sucesor al hijo que tuvieron juntos. El tablero se había movido, y ella realizó una nueva jugada. Salió al encuentro de Marco Antonio, uno de los nuevos líderes de Roma, en una barca enorme y lujosa. Tal aparición lo dejó impactado y se dio inicio a una nueva alianza política. Lamentablemente, esta no fue exitosa y ocasionó el fin de la mujer más poderosa de su tiempo.

DISEÑADORA DE MODAS

Francia, 19 de agosto de 1883 - 10 de enero de 1971

Coco Chanel

La revolucionaria de la moda femenina

A los 11 años, Coco aprendió a coser sin sospechar que, muchos años después, esa habilidad cambiaría el rumbo de su vida. Se la enseñaron las religiosas que la cuidaban en el orfanato donde creció tras la muerte de su madre.

A los 18 años, tenía dos trabajos: de día era costurera y de noche cantaba en un cabaret. Allí conoció al heredero de una empresa textil que la ayudaría a poner su primer negocio: una tienda de sombreros en París. Cuando las famosas actrices francesas empezaron a lucir sus creaciones, el reconocimiento llegó.

Coco poseía un gran olfato para los negocios. Gracias al éxito de su primera tienda instaló una segunda: esta vez de ropa. Y no eran los típicos vestidos de la época. Dejó de lado los apretados corsés y la rigidez de las faldas por prendas que les dieran a las mujeres comodidad y libertad de movimiento. Creaba ropa como nunca nadie antes lo había hecho. Incluso, al diseñar, pedía que las modelos subieran escaleras para tomar medidas y asegurarse de que la ropa fuera confortable.

Su carrera se caracterizó por romper con lo establecido: usó el color negro cuando este estaba reservado para el luto, puso de moda el cabello corto, diseñó carteras únicas; todo sin dejar de lado la feminidad y el estilo. Lanzó el famosísimo perfume Chanel N°5 cuando ningún diseñador se había atrevido a incursionar en el mundo de las fragancias.

Coco formó un imperio de la moda y redefinió los conceptos de elegancia y feminidad de manera más moderna. Su legado nos acompaña hasta hoy.

CANTANTE

Estados Unidos, 19 de enero de 1946

Dolly Parton

Una reina musical y altruista

Cada semana, Dolly iba con sus papás y diez hermanos al culto de la iglesia pentecostal de Sevierville, cerca de los montes Apalaches. Allí había música en vivo: tocaban alegres canciones, que se acompañaban con exclamaciones de júbilo y pasos de baile. La música era parte de la experiencia de la iglesia y a ella eso le encantaba. Fue entonces que se enamoró de este arte.

Después de terminar la escuela secundaria, se mudó a Nashville, donde inició la composición de canciones para músicos de *country* y *folk*. ¡A todos les gustaban! Pero el sueño de Dolly era brillar en los escenarios. Y, aunque trabajó muchísimo en sus primeros discos, el éxito no llegaba. De cualquier manera, eso no iba a detenerla.

Siguió escribiendo canciones, varias inspiradas en su infancia. De allí salió *Joshua*, su primera canción que fue un *hit*. A partir de ese instante, nunca paró. Ha vendido millones de discos, realizado miles de conciertos y giras, actuado en películas y ha compuesto dos canciones consideradas como parte de las cien mejores de todos los tiempos: *Jolene* y *I Will Always Love You*.

Sin embargo, quería más, y eso no involucraba a la música. Por eso, creó la fundación Dollywood, con la cual ha financiado la construcción de hospitales y centros de salud. Además, fundó la Dolly Parton's Imagination Library, con la que dona libros a niños, desde su nacimiento hasta el inicio escolar, para fomentar su amor por la lectura. Doscientos millones de niños a nivel mundial han recibido un libro gracias a Dolly. En 2020, aportó dinero para la investigación y desarrollo de la vacuna contra la COVID-19. Y así sigue con su música, su alegría y su ayuda a los que más necesitan.

CIENTÍFICA

Egipto, 12 de mayo de 1910 - 29 de julio de 1994

Dorothy Crowfoot Hodgkin

De la curiosidad infantil al descubrimiento científico

Cuando era pequeña, Dorothy estudiaba en un internado en Inglaterra, pero sus padres vivían en África. Cuando iba a visitarlos, se divertía recolectando minerales y cristales para observarlos y estudiarlos. Nada le fascinaba más. A los 14 años, le regalaron una caja con distintos minerales y reactivos, con los que pasaba horas experimentando.

Su aventura con las ciencias continuó, aunque su camino no estuvo libre de obstáculos. En la escuela, debió pedir una autorización especial para que la dejaran estudiar el curso de Química. Esa materia estaba reservada solo para sus compañeros varones; las niñas llevaban Ciencias Domésticas.

Asistió a la prestigiosa Universidad de Oxford y se graduó como química. Allí ya experimentaba con la cristalografía, una compleja técnica que utiliza los rayos X para descubrir cómo están compuestos los cristales por dentro. Dorothy profundizó este método para analizar proteínas en vez de cristales. Quería observar cómo se ordenaban sus diminutas moléculas.

Su primer gran hallazgo lo obtuvo tras cuatro años de investigación: descubrió la estructura de la penicilina con sus 17 átomos. Gracias a ello, se pudo producir este antibiótico de forma más fácil. Después, mapeó la vitamina B12 y sus 181 átomos. Le tomó ocho años y contribuyó a luchar contra la anemia. Su trabajo más largo fue con la insulina: demoró 34 años en descifrar cómo se posicionan sus 788 átomos. Esto favoreció al control de la diabetes.

Por su valioso trabajo, Dorothy recibió el Premio Nobel de Química en 1964. Sus aportes impactaron no solo en la comunidad científica, sino en toda la humanidad y siguen vigentes hasta ahora.

AJEDRECISTA
Irán, 15 de abril de 1998

Dorsa Derakhshani

La niña que decidió ser libre

Cuentan que, con 1 año y medio, Dorsa ya sabía leer y, a los 2 años, tenía el conocimiento de un niño de 6 o 7. Sus papás, al darse cuenta del potencial de su hija, la anotaron en distintos tipos de actividades: música, *ballet*, gimnasia y ajedrez. En este último, encontró su gran pasión. Ella y su hermano Borna podían pasar tardes enteras moviendo fichas sobre el tablero bicolor, analizando cuál sería la siguiente jugada. Por eso, no resultó extraño que pronto comenzara a competir.

A los 8 años, ganó el torneo juvenil nacional de Irán. Salió en diarios y revistas. Pero, cuando iba a salir en televisión, las autoridades de su país le pidieron aparecer con un hiyab, un velo que cubre la cabeza y el pecho de las mujeres musulmanas como símbolo de modestia. Dorsa se negó, pues no es obligatorio su uso para las niñas.

Siguió compitiendo dentro y fuera de su país con el equipo iraní femenino hasta que, en 2017, le tocó asistir al Festival de Ajedrez de Gibraltar. Ella fue con mucho entusiasmo, pero sin su velo. De inmediato, las autoridades iraníes le prohibieron jugar para la selección nacional y participar en torneos representando a su país. Parecía importar más el pañuelo que cubría su cabello que el cerebro debajo de él.

Por esa razón, aceptó una beca para jugar en el Equipo de Ajedrez de la Universidad de Saint Louis, en Estados Unidos. Allí estudió Biología, adoptó esa nacionalidad y se dedicó a ganar más medallas de oro, plata y bronce. En la actualidad, es Gran Maestra Femenina, el título de mayor rango para jugadoras de ajedrez en el mundo.

Dorsa no dejó que su libertad fuera vulnerada y, gracias a su valiente postura, también se dedicó a defender la libertad individual y los derechos de las mujeres.

CANTANTE

Francia, 19 de diciembre de 1915 - 10 de octubre de 1963

Édith Piaf

«No me arrepiento de nada»

Su apellido real era Gassion, pero para su nombre artístico escogió Piaf, que significa «gorrión» en el francés de la calle. Y es que a Édith le gustaba cantar como a estas delicadas aves y comenzó a hacerlo siendo adolescente, acompañada de su padre. A la gente le gustaba su voz cargada de emoción. Por eso, a los 14 años, decidió abrirse paso sola en el mundo de la música.

Siendo muy joven, se enamoró y tuvo una hija, pero la felicidad le duró poco. Su pequeña Marcelle murió de meningitis a los 2 años. Este triste acontecimiento fue uno de los muchos que tuvo que enfrentar. La vida de Édith fue así: un ir y venir entre el dolor y los aplausos. Pese a ello, el gorrión siguió cantando en más y más locales, y no tardó en grabar un disco que fue un éxito comercial.

Édith convertía su tristeza en belleza cuando cantaba. Nadie podía evitar emocionarse ante su voz, todos querían escucharla. Así pues, preparó distintos tipos de espectáculos, como el *music hall*, que era una mezcla de canciones populares, comedia y baile. Las filas para escucharla en el teatro eran cada vez más largas.

Actuaba en la radio y también apareció en películas. Su carrera siguió en ascenso aun en los difíciles años de la Segunda Guerra Mundial. Incluso se presentó en el Moulin Rouge, el cabaret más famoso de París. Tras la guerra, iniciaron las giras por Estados Unidos. En uno de sus viajes, conoció al boxeador Marcel Cerdan, el amor de su vida. Fue un romance intenso pero breve, debido a que él falleció en un accidente aéreo.

Los años siguientes fueron turbulentos, marcados por la tristeza y la enfermedad. Pero Édith siguió cantando: «No, nada de nada, no me arrepiento de nada; está pagado, barrido, olvidado, no me importa el pasado». De esta manera, nota a nota, marcó un hito en la historia de la música.

ACTRIZ

Reino Unido, 15 de abril de 1990

Emma Watson

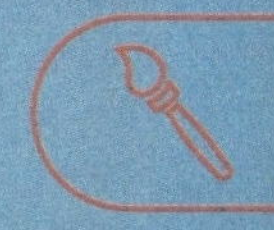

Un hechizo que busca mejorar el mundo

A los 6 años, Emma ya sabía que actuar era lo suyo, y su familia no tardó en reconocerlo. Motivados por esto, la inscribieron en clases de teatro y, a los 9, hizo una audición para el rol de la estudiosa amiga de Harry Potter, Hermione Granger. A los productores les impresionó la confianza que proyectaba. Durante diez años, y a lo largo de ocho películas, interpretó al personaje que la hizo mundialmente conocida.

Cuando la saga estaba en su tramo final, se inscribió en la Universidad de Brown, en Estados Unidos, para estudiar Literatura. Si bien se cerraba un ciclo importante para ella, Emma quería hacer más y era el momento de abrirse a otros campos. Luego, actuó en películas como *Las ventajas de ser invisible*, *La Bella y la Bestia*, *Mujercitas*, entre otras.

Pronto se dio cuenta del prestigio que había ganado y la gran cantidad de seguidores que acompañaba su carrera. Pensó que podía usar esto para una buena causa: visibilizar temas importantes para la sociedad. Por ejemplo, se animó a impulsar la ética en el mundo de la moda. Cada vez que una empresa la invitaba a vestir prendas suyas, les exigía responder un cuestionario acerca de su impacto en el ambiente. Esa era su forma de incentivar buenas prácticas.

Por su labor, fue nombrada Embajadora de Buena Voluntad por la ONU Mujeres; en los últimos años, ha dedicado cada vez más tiempo a su rol de activista. Ella inspira a otras jóvenes a realizar un gran acto de magia: transformar su propia vida y transformar al mundo. «Creo que de alguna manera [Hermione] les dio a otras mujeres permiso para sentir que se les dejaba ocupar un espacio», dijo Emma. Y ella salió a buscar el suyo más allá de cualquier límite.

COMPOSITORA CLÁSICA

Alemania, 14 de noviembre de 1805 - 14 de mayo de 1847

Fanny Mendelssohn

Un prodigio de la música entre las sombras

En la casa de la familia Mendelssohn siempre hubo espacio para la música. Por eso, cuando los padres de Fanny y Félix se percataron de que los dos hermanos tenían un don para este arte, no dudaron en contratar profesores para que los guiaran. Fanny tocaba el piano, cantaba y componía; su hermano también, y mientras más crecían, mejor lo hacían. Sin embargo, ella tuvo que dejar la música como profesión, ya que, al ser mujer, se esperaba que se casara y formara una familia, no que fuera artista. Félix, en cambio, sí continuó con su carrera musical y fue muy reconocido.

Pero, en secreto, Fanny seguía disfrutando de su pasión: componía y tocaba el piano en la privacidad de su casa. ¡Y lo hacía de manera extraordinaria! El sonido de cada nota despertaba su creatividad y la impulsaba a seguir su vocación. Creó cerca de quinientas piezas de música clásica. Algunas de ellas sí vieron la luz, aunque fueron publicadas a nombre de su hermano.

Con la ayuda de su esposo, Fanny comenzó a organizar veladas musicales en su casa de Berlín. Reconocidos artistas de Europa llegaban allí para tocar. En una de esas reuniones, ella se atrevió a interpretar en público una de sus composiciones por primera vez. Los asistentes quedaron maravillados por su talento. Su música era fabulosa y no estaba dispuesta a seguirlo ocultando. Después publicó algunas piezas, y esta vez a su nombre.

Por los estereotipos de la época, la genialidad de Fanny se mantuvo a la sombra por muchísimos años, pero logró abrirse camino. Ahora se le reconoce como un prodigio de la música y como una de las tantas mujeres que lucharon contra las ataduras de su época.

PINTORA

México, 6 de julio de 1907 - 13 de julio de 1954

Frida Kahlo

Valentía y originalidad reflejadas en el arte

Aunque Frida nació en una familia de artistas, no comenzó a pintar sino hasta los 18 años. Un accidente de tránsito la obligó a pasar muchos meses en cama y el arte se convirtió en su forma de expresar lo que vivía. En esas circunstancias, aprovechó el espejo que estaba colgado del techo y arrancó a pintar su propio reflejo.

Le importaba muchísimo la situación social de su país, la política y el arte. Era común verla en reuniones donde se discutía sobre la realidad nacional y mundial. En honor a sus raíces mexicanas, vestía con atuendos tradicionales: se trenzaba el pelo, usaba blusas típicas y faldas largas. Como tampoco le importaba encajar en el estándar de belleza de la época, no se depilaba las cejas ni el ligero bigote. Y así se pintaba a sí misma.

A lo largo de su carrera, Frida siguió autorretratándose. Vivía con dolor permanente por el accidente y una enfermedad que tuvo de pequeña; además, no pudo tener hijos. Todo eso lo reflejó en su arte. Sus pinturas exponían su mundo interior y mostraban temas de los que nadie hablaba en público. Y lo hizo con obras que combinaban color, realidad y fantasía. Frida poseía un estilo propio y logró abrirse paso en una época en que el circuito artístico e intelectual estaba dominado por varones.

Expuso en Nueva York y París, y se ganó el respeto de su época como artista e intelectual destacada. Sin embargo, la fridamanía surgió después. Actualmente, es una de las artistas del siglo xx más reconocidas a nivel internacional. Sus autorretratos son reproducidos en todo el planeta, y su historia y arte continúan inspirando numerosos libros y películas.

POETA

Chile, 7 de abril de 1889 - 10 de enero de 1957

Gabriela Mistral

Una maestra del campo recibe el Nobel

Por la noche, el valle de Elqui exhibe una belleza sobrecogedora. Su cielo se alza sobre las montañas, adornado de estrellas. Pero nada brilla más, en esta zona del norte de Chile, que el recuerdo de Gabriela Mistral. Ella nació ahí, con el nombre de Lucila Godoy.

Aunque su padre la abandonó cuando tenía 3 años, ella nunca le guardó rencor. Un día, Gabriela encontró unos viejos papeles: era un poema que él le había escrito un tiempo antes de irse. Sentir la presencia de su padre en aquellas palabras despertó su interés por la poesía. A través de las letras, pudo acercarse al amor paternal.

En la etapa de la adolescencia, publicó versos y artículos en un periódico local. En ellos, alzó la voz para defender el derecho de las mujeres a recibir educación. «Instruir a la mujer es hacerla digna y levantarla», escribió a los 17 años. Animada por el ejemplo de su hermana, consiguió trabajo en una escuela.

El reconocimiento como poeta comenzó a sus 25 años, cuando ganó un concurso literario en Santiago, la capital de Chile. Esa fue la primera vez que utilizó su seudónimo. Su carrera docente también estaba en ascenso y fue contratada por el Gobierno de México para diseñar reformas educativas. En esa época, ya publicaba en Estados Unidos y México; así, rápidamente obtuvo visibilidad internacional y su obra se tradujo.

Mientras sus poemas recibían cada vez mejores críticas, Gabriela ejerció durante varios años como diplomática en distintos países. Estaba sirviendo como cónsul en Brasil, a los 51 años, cuando recibió la noticia de que había ganado el Premio Nobel de Literatura, el primero que se otorgaba para reconocer un talento latinoamericano. De esta manera, su poesía coloquial y sensible era destacada como una de las más hermosas de la literatura mundial.

ARQUITECTA Y DISEÑADORA INDUSTRIAL

Italia, 4 de diciembre de 1927 - 31 de octubre de 2012

Gae Aulenti

Mirar el pasado para crear el futuro

Gaetana nació en Udine, un tranquilo pueblo al norte de Italia. Después de la escuela se dedicaba a tocar el piano y a leer libros en su sala. Ella y su familia llevaban una vida apacible, pero pronto esa tranquilidad se acabó. La Segunda Guerra Mundial había estallado y en Europa se luchaba en uno u otro lado. Una gran cantidad de personas dejaron sus casas para buscar lugares más seguros.

Al regresar, una vez terminada la guerra, Gae se sintió devastada. Todo estaba en ruinas. Esa fue su motivación para seguir la carrera de Arquitectura en el Politécnico de Milán: investigar cómo recuperar su ciudad respetando las formas del pasado, pensando en el futuro. Su carrera le permitió diseñar y restaurar edificios, instalaciones y espacios públicos, como parques y plazas.

En 1981, fue elegida para reformar la antigua estación de trenes de Orsay, en París, y convertirla en el Museo de Orsay. Era un proyecto gigante y ella no podía estar más emocionada. Lo hizo con tanto cariño y esmero que luego vinieron otros encargos igual de importantes, como un espacio para el Museo Nacional de Arte Moderno en el Centro Georges Pompidou de París, la restauración del Palazzo Grassi de Venecia, el Museo de Arte Asiático de San Francisco, la Piazzale Cadorna de Milán, el Museu Nacional d'Art de Cataluña en Barcelona, el Instituto Italiano de Cultura de Tokio y más.

También se dio tiempo para crear sillas, mesas y hasta lámparas únicas que se convirtieron en iconos del diseño. Era tan talentosa que la empezaron a apodar «la Gran Dama de la Arquitectura Italiana». Y cada vez que le preguntaban por su inspiración, ella aseguraba que nada de eso lo habría podido hacer «sin saber música, filosofía, arte y literatura».

ESCRITORA Y COLECCIONISTA DE ARTE

Estados Unidos, 3 de febrero de 1874 - 27 de julio de 1946

Gertrude Stein

La sensibilidad artística en su máxima expresión

Gertrude y sus hermanos, Michael, Simon, Bertha y Leo, vivieron entre Viena, París y Estados Unidos. Sus papás, Daniel y Amelia, los llevaban a museos, teatros, librerías y exposiciones. Desde pequeños, les inculcaron la sensibilidad y el amor por el arte. También estimularon su curiosidad.

Cuando Gertrude terminó la escuela preparatoria, no decidía qué carrera elegir, así que empezó a estudiar Psicología, Embriología, Arte y hasta Medicina. Pero nada la convencía por completo. Se mudó a París con su hermano Leo, a una casa cerca de los Jardines de Luxemburgo. Poco a poco, conocieron amigos escritores, artistas plásticos, críticos y galeristas de arte, con quienes organizaban reuniones en su casa. Las discusiones intelectuales influenciaron la obra de los pintores, así como el movimiento y el color inspiraron a los escritores. Los políticos hablaban con los poetas y ellos, a su vez, con los filósofos. Cada uno tenía ideas fabulosas para compartir.

Fue entonces que Gertrude se animó a comprarles obras a sus amigos, como Pierre Bonnard, Paul Cézanne, Pierre-Auguste Renoir, Henri Matisse y Henri de Toulouse-Lautrec. Luego, se le ocurrió encargarles retratos, como el que le pidió a Pablo Picasso, llamado *Retrato de Gertrude Stein*. Su gusto por el arte la llevó a comprar y vender incontables obras, descubriendo nuevos artistas, impulsando la carrera de muchos otros o financiando a jóvenes talentosos.

También se animó a incursionar en la escritura. Publicó novelas, ensayos, poemas, artículos y hasta conferencias. Su curiosidad y su pasión por la cultura la llevaron a ser protectora y divulgadora del arte y la literatura modernos.

MATEMÁTICA

Estados Unidos, 27 de octubre de 1930

Gladys West

La calculista que sentó las bases para el GPS

Nació en una casa en medio del campo. Como era habitual en la comunidad afroamericana donde creció, cuando no estaba en la escuela, sembraba maíz, algodón o tabaco para ayudar a su familia. Pero a ella lo que realmente le gustaba era ir a clases. Se divertía estudiando y era brillante en Matemáticas.

Aunque tenía excelentes calificaciones, no sabía si podría ir a la universidad. Después de graduarse, la mayoría de las chicas de su escuela se quedaban trabajando en el campo o en la fábrica de tabaco. Pero Gladys no se desanimaba, quería hacer algo distinto. Y fue su dedicación a los estudios lo que le abrió camino: por su buen rendimiento, ganó una beca completa para ir a la universidad. Allí pudo estudiar Matemáticas.

Ya graduada, consiguió trabajo en un centro de investigación de la Marina de Estados Unidos; fue la cuarta persona de piel negra en ser contratada. Ella se encargaba de procesar la información que mandaban los satélites desde el espacio. ¡Resolvía ecuaciones matemáticas dificilísimas a mano! Más adelante, programó computadoras para que lo hicieran por ella.

Sus cálculos permitieron desarrollar un sistema satelital que procesaba información del océano. Luego, creó un programa que determinaba la posición exacta de los satélites en la órbita de la Tierra.

Gracias a sus cálculos, Gladys fue la precursora del GPS. Sin su trabajo, no se habría podido desarrollar el sistema de posicionamiento global que hoy se usa en el celular y el automóvil para conocer su ubicación exacta.

ACTIVISTA

Suecia, 3 de enero de 2003

Greta Thunberg

La rebeldía de cuidar el planeta

Nació en un hogar en el que se respiraba arte. Su padre era actor y su madre, cantante de ópera. Pero Greta eligió alzar su voz de otra forma. Oyó hablar del cambio climático cuando era una niña de 8 años. Desde entonces, ese tema se volvió su gran preocupación. Se hizo vegana y luego se negó a viajar en avión para abrir debate sobre la huella de carbono que producen los vuelos, ya que se emiten gases que elevan la temperatura del planeta. Su familia siguió su ejemplo.

A los 11 años, cayó en una fuerte depresión y no quiso hablar ni comer durante semanas. No entendía la falta de acción de los adultos frente a los problemas del medioambiente. Greta tiene autismo de alto funcionamiento, antes llamado síndrome de Asperger, lo que causa que su comportamiento sea diferente, pero también le ha permitido enfocarse en aquello que le preocupa y encontrar un propósito de vida en la lucha por cuidar el planeta.

Cuando tenía 15 años, los viernes faltaba a clases para sentarse frente al Parlamento sueco con un cartel. Su rostro se volvió conocido en las redes y en la televisión. Con el tiempo, millones de jóvenes activistas se sumaron a su iniciativa en 180 países. Fue el inicio de las huelgas estudiantiles por el clima, un movimiento que se expandió por el mundo entero.

Greta ha escrito libros y se ha manifestado ante los más importantes líderes políticos reunidos en cumbres internacionales. Siempre firme, siempre directa. Desde el 2019, ha sido nominada varias veces al Premio Nobel de la Paz en reconocimiento a su gran influencia entre los jóvenes, que seguirá dando frutos en su vida adulta.

ATLETA

Argelia, 10 de julio de 1968

Hassiba Boulmerka

El impulso que las mujeres necesitaban

A Hassiba le encantaba correr por doquier. De su habitación a la cocina, del patio al techo. Era tan rápida que su mamá le propuso algo: ¿qué tal si entrenaba y representaba a su país en campeonatos? De esta manera, inició su carrera y no tardó en ganar medallas en su ciudad, luego en su país y, finalmente, a lo largo y ancho de África. ¡Se convirtió en la mujer más rápida de su continente!

Tras esos logros, se trazó un nuevo objetivo: el mundial de atletismo. Pero había un problema: como iba a representar a Argelia, los sectores religiosos más conservadores querían que compitiera con trajes que le cubrieran la mayor parte del cuerpo y con un velo en la cabeza. Para Hassiba, eso sería incómodo, le restaría segundos valiosos a su marca personal y no se sentiría ella misma. No entendía por qué no podía competir en igualdad de condiciones que sus compañeras de otros países.

Tuvo que mudarse a Europa, porque recibió amenazas contra su integridad física, aunque eso no la detuvo. Ella siguió compitiendo y triunfando. En 1992, en los Juegos Olímpicos de Barcelona, ganó la medalla de oro en los 1 500 metros. Fue la primera medalla de oro olímpica para Argelia, y con un tiempo récord. En 1995, en los mundiales de Gotemburgo, en Suecia, volvió a lograr el oro. Sin embargo, algo cambió.

Comenzó a luchar por los derechos de las mujeres, a promover el deporte entre las niñas y mujeres en su país, y la igualdad de géneros en la sociedad. Armada con su uniforme corto de atletismo, dio el ejemplo al mundo e inspiró a muchas mujeres para que sus sueños no se vean limitados por la religión ni las imposiciones sociales.

FARAONA

Egipto, aprox. 1508 a. C. – 1458 a. C.

Hatshepsut

La faraona oculta del Antiguo Egipto

En el Antiguo Egipto, nació Hatshepsut. Fue hija y esposa de faraones. Como miembro de la realeza, creció rodeada de quienes decidían el futuro del reino. Cuando su esposo murió, su hijastro debía convertirse en el nuevo faraón; no obstante, Tutmosis III todavía no sabía ni caminar, así que ella fue nombrada soberana hasta que él se hiciera mayor.

No estaba prohibido que una mujer gobernara Egipto, pero tampoco era común. Ella enfocó su reinado en organizar expediciones a tierras lejanas y comerciar con otras civilizaciones. El viaje más famoso fue a la misteriosa tierra de Punt, de donde los barcos volvieron cargados de oro, marfil, jirafas, panteras, babuinos y hasta árboles de mirra que fueron plantados en Egipto. La gran faraona, además, lideró grandes proyectos de construcción.

Sus aventuras quedaron grabadas en jeroglíficos pintados en las paredes de los templos. Aunque al principio era retratada como reina y mujer, más adelante fue pintada con barba y los atuendos reservados para gobernantes varones. Esto no fue porque ella quisiera ser vista como hombre, sino para que se le considerara plenamente como una líder.

Su reinado duró 21 años, fue muy próspero y pacífico. Pese a ello, cuando Tutmosis III asumió como faraón, se encargó de sacar el nombre de Hatshepsut de la lista de gobernantes.. De igual manera, mandó a desfigurar sus retratos y monumentos. Durante siglos, nadie supo de su existencia.

Su historia dejó de ser un secreto cuando, en 1822, los arqueólogos descifraron nuevos jeroglíficos y, después, encontraron su tumba. Así se descubrió que ella fue una de las faraonas más poderosas de Egipto.

ACTRIZ

Reino Unido, 26 de julio de 1945

Helen Mirren

Una vida bajo reflectores

Helen fue escogida por su maestra para interpretar a Gretel en la obra de fin de año de su escuela primaria. *Hansel y Gretel* era un cuento que había escuchado muchísimas veces, y conocía bien la historia. Le daba un poco de vergüenza actuar frente a sus compañeros y los padres de familia, pero igual lo hizo. Esa noche, al terminar la obra, los aplausos del público la hipnotizaron y la llenaron de alegría. ¡Había valido la pena vencer el temor! Ese fue el inicio de todo.

En la secundaria, no se perdió ni una sola obra. Cada vez tenía más claro lo que quería estudiar y estaba dispuesta a dar su máximo esfuerzo para ello. Asistió al New College of Speech and Drama, en Londres, y a los 18 años fue aceptada en el National Youth Theatre (NYT). Estaba encantada de interpretar a tantos personajes, tantas historias diferentes de la suya, viajar con la mente a épocas distintas. Podía pasar horas revisando sus guiones, ensayando posturas, entonaciones, miradas, movimientos de manos, etcétera, lo que fuera necesario para ofrecer una interpretación convincente y que conectara con el público. Ella quería despertar emociones. Así llegó el rol que cambiaría su vida: Cleopatra. A partir de entonces, comenzaron a llamarla de diversos proyectos.

Helen ha ganado un Oscar, cuatro Premios BAFTA, tres Globos de Oro, cinco Premios Emmy y un Premio Tony. Es decir, los reconocimientos más importantes en su campo. Su carrera, de más de cincuenta años y más de cuarenta películas y series de televisión, ha sido un reflejo de ella misma, de su libertad de acción y pensamiento. Pocas personas han logrado una hazaña similar, por lo que es una gran inspiración para las mujeres que sueñan con dedicarse a la actuación. Además, claro, de ser un modelo de constancia y esfuerzo.

PINTORA

Suecia, 26 de octubre de 1862 - 21 de octubre de 1944

Hilma af Klint

La inventora del arte abstracto

Hilma nació en Estocolmo, en una casa con una biblioteca gigante. Desde pequeña, su papá y su mamá estimularon sus ganas de aprender. No es difícil imaginarla contemplando libros de temas muy variados durante horas. En sus páginas, seguro se concentraba en los colores de las imágenes, las formas, los tamaños, las líneas...

Cuando tenía 18 años, Herminia, su pequeña hermana, murió y ese hecho marcó su vida. Se refugió de la tristeza en la meditación y el esoterismo, en busca de respuestas para entender el porqué de las cosas. También se cobijó en el arte. Ingresó a la universidad para estudiar pintura y, dos años después, siguió en la Real Academia Sueca de las Artes, uno de los pocos lugares en Europa de aquellos tiempos donde podían estudiar mujeres.

Era tan talentosa que la misma escuela le asignó un taller después de graduarse para que pudiera seguir explorando su arte. Influenciada por su espiritualidad, plasmó sus pensamientos y visiones en telas. En cada una de sus obras quería transmitir, a través de los colores y el movimiento, sensaciones invisibles para los sentidos físicos. Así nació el arte abstracto.

Hilma decidió escribir un libro sobre su obra, que tituló *Estudios de la vida espiritual*. ¡Salieron dos mil páginas! Y es que se tomó el trabajo de fotografiar cada uno de sus más de cien cuadros, añadir una pequeña explicación y una miniatura dibujada por ella.

Su última voluntad fue que, tras su muerte, su obra fuera guardada durante veinte años. Tenía miedo de que la gente de su época no la entendiera. Por ello, grandes maestros de la pintura, que vieron y se inspiraron en sus cuadros, fueron considerados como los inventores del arte abstracto. Hoy sabemos que fue ella quien realmente creó una nueva corriente artística.

FILÓSOFA

Egipto, entre 355 d. C. y 370 d. C. - 415 d. C.

Hipatia

La gran sabia de Alejandría

Hipatia significa en griego «la más grande». Y lo fue. Su padre, Teón, era un matemático y astrónomo que estudiaba los eclipses y resguardaba la famosa biblioteca de Alejandría. Él le transmitió a su hija, desde muy pequeña, el amor por el conocimiento en un tiempo difícil marcado por la intolerancia.

Al crecer, ella misma se dedicó al estudio y la enseñanza. Siguiendo el legado de su padre, escribió sobre astronomía y también cultivó la filosofía. Aunque le habría resultado fácil casarse, prefirió no hacerlo para no perder su libertad, ya que si a su esposo no le parecía apropiado, ella hubiera tenido que dejar de enseñar.

Contra la costumbre de la época, a su alrededor se formó un círculo de discípulos con distintas creencias religiosas. Entre sus estudiantes, había cristianos y ateos, también paganos como ella, es decir, personas que creían en muchos dioses. Ella alentaba una actitud de respeto y comunicación.

Varios de sus seguidores ocuparon puestos importantes en el Gobierno de Alejandría. Además, las autoridades la visitaban en su casa para pedirle consejo. «Aparecía a menudo en público en presencia de los magistrados, y no se sentía intimidada al asistir a una asamblea de hombres. Todos la admiraban por su extraordinaria dignidad y virtud», escribió un historiador de la época.

Sin embargo, en realidad, no todos la apreciaban. Su prestigio y su sabiduría despertaron la envidia de algunos líderes. Por tal motivo, comenzó a circular el rumor malicioso de que Hipatia era una peligrosa bruja y, un día, una turba furiosa la atacó en la calle. La asesinaron y nunca se castigó a los culpables. El crimen conmocionó a Alejandría, pero nadie pudo desaparecer su legado.

SISMÓLOGA

Dinamarca, 13 de mayo de 1888 – 21 de febrero de 1993

Inge Lehmann

Expedición al centro de la Tierra

Desde que era pequeña, a Inge siempre le iba bien con los números. Es más, ¡le gustaban! Las ecuaciones y los cálculos geométricos nunca fueron un problema para ella. Por eso, cuando le tocó decidir qué estudiaría en la universidad, la elección fue fácil: Matemáticas.

Su talento para esta disciplina la llevó a conseguir un trabajo en el Real Instituto Geodésico Danés. Allí participó en el proyecto que instaló los primeros medidores sísmicos de su país, y quedó enamorada de esas ondas que viajan por dentro de la Tierra. Le fascinaba pensar en que no las podíamos ver, pero sí sentir durante los temblores y terremotos. Había descubierto un nuevo campo de interés y quiso regresar a la universidad, esta vez para estudiar Sismología.

Tras graduarse, volvió a su antiguo trabajo, pero como jefa del departamento sismológico. Inge decidió recopilar y analizar los datos sísmicos que mandaban no solo las estaciones de Dinamarca, sino las de todo el mundo. Quería encontrar una forma de determinar el lugar exacto donde nacía cada temblor. Así descubrió que, dependiendo de la profundidad del epicentro, las ondas sísmicas viajan a diferentes velocidades. Eso encendió una idea en su mente.

Tras siete años de cálculos, propuso que el centro de la Tierra estaba dividido en tres capas: el núcleo interno, el núcleo externo y el manto. Hasta ese momento, se creía que el núcleo era uno solo y estaba hueco como una sandía. No toda la comunidad científica estuvo de acuerdo. Debieron pasar más de treinta años para que la tecnología pudiera probar su teoría. Ella tenía razón y fue reconocida como la mujer que descifró cómo es el centro de nuestro planeta.

ESCRITORA
Chile, 2 de agosto de 1942

Isabel Allende

De Chile para el mundo

Hija de una pareja de diplomáticos chilenos, Isabel nació en Lima, Perú, cuando su papá trabajaba en esa ciudad. De niña, vivió en Bolivia y Beirut. Los primeros años de su vida tuvieron escenarios muy diversos, donde escuchó historias nuevas, algunas poco conocidas y otras con miles de años de antigüedad. Todo esto avivó su espíritu curioso, la dotó de sensibilidad y alimentó su imaginación.

Siendo joven, regresó a Santiago de Chile, donde conoció a Miguel, su esposo, y nacieron sus hijos Paula y Nicolás. Entró a trabajar en una revista llamada como su hija, y allí descubrió que contar historias, al principio en entrevistas y reportajes, era lo que le encantaba. Luego, se animó a escribir ficción. Primero obras de teatro, de ahí cuentos y más tarde novelas.

Su primera novela, *La casa de los espíritus*, se convirtió en un éxito. Después, vinieron dos más: *De amor y de sombra* (1984) y *Eva Luna* (1987), cuyos ejemplares no demoraron en agotarse. Todo parecía marchar bien para ella hasta que algo sucedió: su hija Paula enfermó y murió al poco tiempo. Isabel estaba con ella en el hospital el día entero y de noche escribía. En su libro autobiográfico, que empieza como una carta a su hija, relató parte de su vida y ayudó a muchas mujeres a resignarse ante una tragedia como esa.

Lentamente fue recuperándose y volvió a escribir interesantes historias, en las que mezcla ficción y realidad; en las que les habla a las mujeres latinoamericanas sobre sus sentimientos, pero también sobre su historia y memoria. Al día de hoy, su obra ha sido traducida a más de treinta idiomas y ha vendido millones de copias en todo el mundo.

MONARCA

Reino Unido, 21 de abril de 1926 - 8 de septiembre de 2022

Isabel II

La reina que no debía serlo

Cuando nació Isabel, su abuelo Jorge era el rey y estaba previsto que su tío Eduardo lo sucediera llegado el momento. Sin embargo, cuando ella tenía 9 años, la historia dio un giro totalmente inesperado. Eduardo, siendo joven, renunció al trono y su hermano Alberto, el papá de Isabel, tuvo que asumir el cargo. Este hecho cambió de pronto la vida de Lilibeth, como la llamaba su familia más cercana. Desde ese momento, pasó a ser la futura reina y fue educada con esa finalidad.

Cuando cumplió 21 años, dio un memorable discurso en el que dijo: «Declaro ante todos ustedes que toda mi vida, sea larga o corta, estará dedicada a su servicio». Lo que no sabía en ese momento era que su reinado iniciaría muchísimo antes de lo que se podría esperar, ya que, poco después, su padre enfermó y tuvo que sustituirlo cada vez más en actos oficiales. Finalmente, el rey murió e Isabel subió al trono con solo 25 años. Su coronación fue, en la historia del Reino Unido, la primera en ser televisada.

Reinó durante setenta años, y no solo en su país, sino también en los 56 que componen la Mancomunidad de Naciones. Durante este tiempo, vivió crisis económicas, guerras, la llegada del hombre a la luna, avances tecnológicos que cambiaron el mundo como internet, el Brexit —la salida de Reino Unido de la Unión Europa—, la pandemia de COVID-19 y muchos otros acontecimientos más.

Fue una de las monarcas más longevas de la historia y gozó de enorme popularidad. Hasta su muerte, fue un símbolo de estabilidad en un mundo que no paraba de cambiar. Isabel II nunca dejó de cumplir su promesa.

BAILARINA

Estados Unidos, 27 de mayo de 1877 – 14 de septiembre de 1927

Isadora Duncan

La bailarina que revolucionó la danza

En el pequeño departamento de San Francisco, donde vivía Isadora con su familia, no sobraba el dinero, pero sí la música. Su madre era profesora de piano y la hizo practicar *ballet* desde niña. En ese entonces, ya se notaba su rebeldía durante las clases; le aburrían los movimientos controlados y la rigidez de los ensayos. Ella amaba bailar y dejarse llevar por la música, pero en el *ballet* no había libertad para improvisar.

No tardó demasiado tiempo en tirar el tutú al fondo del armario. Quería probar cosas nuevas. Primero, practicó movimientos más naturales y fluidos; después, probó bailar descalza y con vestuarios poco tradicionales. También armó coreografías para piezas de Beethoven y Chopin en una época en la que solo se bailaba con música compuesta especialmente para la danza. Para Isadora, bailar era ser libre y exploró distintas formas para hacerlo a su manera.

A los 21 años, realizó presentaciones en Chicago y Nueva York, aunque no fue bien recibida. Su forma de bailar escandalizó a la sociedad conservadora de su país. Entonces, decidió probar suerte en otras tierras: juntó los pocos ahorros que tenía y viajó a Inglaterra.

Inspirándose en las esculturas griegas que veía en el Museo Británico de Londres, confirmó que la naturalidad con la que vivía la danza tenía raíces en el pasado. Comenzó a presentarse en eventos privados y fue cuestión de tiempo para que se convirtiera en un *boom*. Llenó teatros e hizo giras por Europa, Sudamérica y Norteamérica.

Sin lugar a dudas, Isadora era una bailarina adelantada a su época, dado que fue la primera en ver el baile como un arte creativo. Hoy es considerada la madre de la danza moderna.

ESCRITORA

Reino Unido, 31 de julio de 1965

J. K. Rowling

La escritura como un acto de magia

Lo primero que escribió Joanne Kathleen fue un cuento sobre un conejo. Escribir era una vía de escape para esta niña introvertida y tranquila que creció en el sur de Inglaterra. Es más, era una forma de encontrar alivio, por ejemplo, de la difícil relación que tenía con sus padres. Por eso, ya de adulta, no fue raro que se volcara a la escritura cada vez que la vida se le complicaba.

Trabajó como profesora de francés e inglés luego de estudiar en la universidad, pero, a los 25 años, enfrentó un momento crítico en su vida. Sin empleo, con el corazón roto, una hija y su madre enferma, su futuro no era prometedor. Entonces, por primera vez apareció en su mente la imagen de Harry Potter, el mago que la volvería famosa.

Mientras aguardaba un tren para viajar a Londres, vio en el andén un niño de lentes que le recordó a un vecino de su infancia, de apellido Potter. Ese fue el punto de partida para darle forma al personaje de Harry y a sus amigos. Poco a poco, fue creando una historia. Las ideas la invadían en cualquier momento y llegó a tomar notas en las servilletas de los cafés.

En 1995, Joanne terminó de escribir *Harry Potter y la piedra filosofal*. Lo firmó como J. K. Rowling. Si bien al inicio le costó un enorme trabajo encontrar una editorial que la quisiera publicar, su fascinante historia se volvió un éxito de ventas.

Después de seis libros que conformaron la saga y fueron llevados al cine con gran éxito, J. K. Rowling se convirtió en una de las escritoras más adineradas de la historia. Gracias a su imaginación, millones de niños y jóvenes pudieron descubrir que la magia despierta cuando se abre un libro.

ESCRITORA

Reino Unido, 16 de diciembre de 1775 - 18 de julio de 1817

Jane Austen

Hizo extraordinario lo cotidiano

En la casa donde creció Jane, nunca había días tranquilos. Era la séptima de ocho hermanos, así que vivían en un divertido caos. A ella le encantaba escribir y, a los 12 años, ya era autora de versos, cuentos y hasta obras de teatro que, entre juegos, su familia representaba.

Más adelante, se aventuró a escribir novelas. Sus historias tenían a mujeres como protagonistas y trataban temas como el amor, las diferencias entre clases sociales y el rol de la mujer. Jane convirtió lo cotidiano en algo especial gracias a su talento e ingenio.

Su familia estaba impresionada por sus obras. Por más de diez años, su padre y su hermano trataron de que alguna editorial aceptara su trabajo, pero no tuvieron éxito. Recién en 1811, publicó su primer libro: *Sentido y sensibilidad*, pero no llevó su nombre como autora. En esos tiempos, no era bien visto que las mujeres publicaran novelas, así que la obra salió firmada por «una dama». El libro causó furor, ¡se vendieron todas las copias y debió ser reeditado!

Al poco tiempo, se imprimió *Orgullo y prejuicio*. La novela fue aún más popular que la primera. Publicó un total de cuatro libros antes de enfermar. Tras su muerte, sus hermanos terminaron de imprimir todos los libros que había escrito, y esta vez sí llevaron su nombre. Finalmente, el mundo pudo conocer quién era la autora que lo cautivaba.

Más de doscientos años después, el legado de Jane continúa vivo. Sus libros figuran entre los más leídos y han inspirado películas, series de televisión y obras de teatro, así como a jóvenes escritoras en diferentes partes del mundo.

ACTRIZ Y CANTANTE

Reino Unido, 14 de diciembre de 1946 - 16 de julio de 2023

Jane Birkin

El icono de la creatividad

Su madre y sus abuelos, John y Mary, fueron talentosos actores de teatro. Por eso, desde pequeña, Jane se imaginaba brillando como ellos, bajo los reflectores y recibiendo fuertes aplausos. Era tanto su ímpetu que, en cuanto cumplió los 17 años, arrancó su carrera como actriz.

Debido a sus muchas cualidades, pudo actuar en diversas películas, por las que obtuvo premios y se ganó el reconocimiento del público y los críticos. En uno de los rodajes, conoció al actor y cantante Serge Gainsbourg, y juntos grabaron canciones que se volvieron éxitos de ventas. Incluso trabajaron con renombrados músicos de distintas partes del mundo, como Manu Chao o Caetano Veloso. Su música nunca dejó de ser bien recibida.

Sin embargo, Jane no solo destacó por su música, también fue admirada por su estilo personal. Ella no se dejaba llevar por la moda, sino que la imponía. Un día, en un vuelo de París a Londres, por coincidencia conoció al director ejecutivo de Hermès —una afamada casa de modas—, quien estaba sentado a su lado. Durante el viaje, las cosas que ella guardaba en una cesta se cayeron. Entonces, Jane le contó lo difícil que era encontrar un bolso que se ajustara a sus necesidades. Intercambiaron ideas y Jane hasta le hizo un dibujo. Tiempo después, recibió un bolso Birkin. La cartera se volvió realidad, lleva su nombre y aún es uno de los diseños más elegantes y exclusivos que existen.

Además, la creatividad de Jane no solo se lucía en el cine, el teatro o la música. A ella le encantaba experimentar, pero siempre manteniendo su esencia. El gran valor de su arte fue la originalidad, la cual es una inspiración para todos.

ACTRIZ Y ACTIVISTA

Estados Unidos, 21 de diciembre de 1937

Jane Fonda

La actriz que alzó su voz de protesta

Jane creció entre estrellas y directores de Hollywood, jugando en los sets de grabación. Esta infancia tan poco común se debió a que su padre, Henry Fonda, era un actor reconocido y celebrado por el mundo. Ella también lo admiraba y solo deseaba ser como él; por eso, quiso seguir su ejemplo y decidió ser actriz.

Aunque tener un padre famoso podría parecer una gran ayuda, no necesariamente fue así. Al inicio de su carrera, solían comparar a Jane con su padre. Lejos de permitir que esos comentarios la desanimaran, ella decidió mudarse a Francia y seguir haciendo lo que le gustaba: actuar. Ya alejada de la sombra de su papá, pronto consiguió ser la protagonista de varias películas, ganó premios y también gran recocimiento. Durante su estadía en este país, conoció a un grupo de amigos cuyos intereses iban más allá del cine, ya que estaban preocupados por el medioambiente, la desigualdad, las guerras y los derechos de las mujeres.

Fue así que comenzó a usar su fama para protestar. Primero, lo hizo contra la guerra de Vietnam y luego contra la de Irak. Entre tanto, siguió trabajando en exitosas películas. A lo largo de su carrera, ganó dos Premios Oscar, varios Globos de Oro y un Emmy. Además, escribió un libro sobre su vida y fue la impulsora de los ejercicios aeróbicos en la televisión. Todo esto sin dejar de lado su compromiso con las causas sociales.

El 11 de octubre de 2019 fue arrestada por protestar frente al Capitolio, en Washington D. C. Ella quería reclamar por el cambio climático y, por esta razón, hizo una campaña llamada los *Fire Drill Fridays* (Viernes de Simulacro de Incendio). Las manifestaciones consistían en asistir cada viernes al mismo lugar para elevar su voz de forma pacífica. Durante cuatro viernes seguidos, fue sabiendo que sería arrestada, pero con la satisfacción de tener la atención del mundo puesta en su causa y siendo fiel a sus ideales.

CIENTÍFICA

Estados Unidos, 19 de febrero de 1964

Jennifer Doudna

Una científica revolucionaria

Cuando Jennifer tenía apenas 7 años, se mudó a Honolulu, la capital de Hawái. Ahí pasaba bastante tiempo haciendo excursiones en playas y bosques, aprendiendo sobre los volcanes y admirando los animales y plantas de aquella hermosa isla. A sus papás, que eran profesores, les agradaba mucho la lectura y le contagiaron su gran curiosidad por el mundo.

Años más tarde, esas experiencias influyeron en su decisión de estudiar Bioquímica en California. Esta disciplina le permitió comprender cómo funcionan las moléculas que forman las células de nuestro cuerpo y el de otros seres vivos. Luego, ingresó a la Escuela de Medicina de la prestigiosa Universidad de Harvard, donde profundizó y amplió sus estudios. Durante ese tiempo, se dedicó a investigar a fondo los secretos y misterios de la genética, la ciencia que estudia la transmisión de las características hereditarias de generación en generación. ¿Has notado que tal vez te pareces a algunos familiares más que a otros? Eso se debe a la genética.

Jennifer quería editar los genes, es decir, cortar o modificar las moléculas que transmiten la información hereditaria para cambiar su contenido y así curar o evitar posibles enfermedades. Sus investigaciones le tomaron años y gran esfuerzo. A pesar de que en ocasiones pensaba que no lo lograría, jamás pensó en renunciar a sus objetivos.

Junto a su colega Emmanuelle Charpentier, logró demostrar por primera vez que se podía cortar y modificar el ADN, un increíble y esperanzador avance para la medicina. En 2020, ella y su colega fueron galardonadas con el Premio Nobel de Química por su aporte a la ciencia.

EMPERATRIZ

Japón, 170 d. C. - 269 d. C.

Jingū

La guerrera que se convirtió en leyenda

Hace muchísimos años, en el antiguo Japón, las guerras entre familias eran muy comunes. Peleaban por ganar tierras y el poder del reino. Muchos de los guerreros que iban al campo de batalla no volvían. Entonces, para proteger sus hogares, un grupo de mujeres nobles decidió aprender a luchar. Se llamaban a sí mismas las *onna-bugeisha* o mujeres samuráis. Valientes y aguerridas, peleaban al lado de los varones para defender el honor de su pueblo.

Una de estas guerreras fue Okinagatarashi-hime, la esposa del emperador Chūai. Cuando él murió en combate, ella se convirtió en la emperatriz Jingū. Incluso estando embarazada, protegió con valentía al heredero que llevaba en el vientre y también el honor del reino. Vestida con la ropa de su esposo, y armada con una espada, arco y flechas, demostró su capacidad de liderazgo dirigiendo al ejército en el campo de batalla.

Si bien era una gran guerrera, también era una poderosa chamana. Cuenta la leyenda que llevaba un par de piedras mágicas amarradas a su cinturón y que con ellas podía controlar las mareas. Así, surcó los mares y guio a sus hombres hasta conquistar la tierra vecina de Corea. Esta es una de las proezas dignas de admiración por la que en Japón se le recuerda.

La emperatriz Jingū gobernó con éxito hasta que su hijo, Ōjin, se hizo adulto y pudo convertirse en el nuevo soberano. Fue una mujer fuerte y poderosa; no solo derrotó a los rebeldes que le arrebataron la vida a su esposo, sino que extendió las fronteras de su imperio y su propia leyenda.

ESCRITORA

Estados Unidos, 5 de diciembre de 1934 - 23 de diciembre de 2021

Joan Didion

Escribir para entender el mundo

Desde muy chica, Joan fue una lectora voraz. Era tanto el placer que hallaba en los libros que ni la gran cantidad de ejemplares de la biblioteca de su escuela le eran suficientes. Aunque también tenía gusto por la escritura, no se animó a mostrar ninguno de sus textos hasta 1956, cuando todavía era una estudiante universitaria y se decidió a enviar un cuento a la revista *Mademoiselle*.

Para su sorpresa, no solo lo publicaron, sino que ¡la escogieron como editora invitada de ficción! Un año después, ganó un concurso de ensayos en *Vogue*, la famosa publicación de moda. El premio era trabajar en su sede de Nueva York, así que Joan hizo sus maletas y se mudó. Al cabo de un tiempo, ya escribía para varias revistas y otros medios. A los 30 años, publicó su primera novela, *El río en la noche*, que narra la historia de una familia a punto de desmoronarse.

Tras regresar a California, y haberse casado con el escritor John Gregory Dunne, siguió con su carrera literaria escribiendo novelas, artículos y ensayos. Además, junto con su esposo, incursionó en la escritura de guiones de películas, lo que la llevó a explorar nuevas formas de desarrollar su creatividad.

Más adelante, se avocó a temas políticos. En todo lo que escribía, usaba su enorme capacidad de observar el mundo. En 2013, el presidente Barack Obama le otorgó la Medalla Nacional de las Artes por ser «una de las observadoras más agudas y respetadas de la política y la cultura estadounidenses». Y razones no faltaban. El amplio legado de Joan es un gran referente para los futuros escritores.

MILITAR

Francia, aprox. 1412 - 30 de mayo de 1431

Juana de Arco

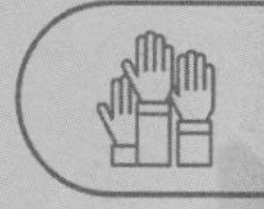

Una guerrera decidida a todo

La infancia de Juana transcurrió en el seno de una familia campesina, en tiempos de guerra. En Domrémy, el pueblo donde nació, y en gran parte del norte de Francia, los ejércitos franceses e ingleses se enfrentaban duramente en la llamada guerra de los Cien Años. Para ella, la violencia y la crueldad del conflicto eran una sombra que parecía no tener fin. Era como vivir en una pesadilla.

Cuenta la leyenda que, a los 13 años, le ocurrió algo inusual. Juana tuvo visiones en las que se le presentaban el arcángel Miguel y algunos santos para pedirle que terminara con la guerra. ¿Cómo una muchacha de su edad podría lograr algo así? Juana anhelaba la paz y tenía fe, así que logró que el rey Carlos VII de Francia le proporcionara un ejército para lograr su objetivo. Aunque en esa época no era común que las mujeres ocuparan puestos de mando militar, ella lideró a sus combatientes. Bajo sus órdenes, consiguieron una victoria decisiva sobre los ingleses, ya que vencieron en la batalla de Patay y liberaron la ciudad de Orleans.

Tras varios enfrentamientos, el liderazgo de Juana se hacía notar cada vez más y no tardó en ser capturada y entregada a los ingleses. En un juicio que duró 14 meses, la acusaron de bruja y terminaron por declararla culpable. A pesar de estas acusaciones, todos sabían que el verdadero motivo era que ella y su ejército representaban una amenaza militar. Al final, la condenaron a morir en la hoguera.

El 30 de mayo de 1431, cuando tenía alrededor de 19 años, Juana entregó su vida por su pueblo. En el siglo XX, la Iglesia católica la declaró inocente y la convirtió en santa. En la actualidad, es considerada una de las figuras más legendarias de la historia mundial.

CIENTÍFICA

Hungría, 17 de enero de 1955

Katalin Karikó

La tenacidad que salvó millones de vidas

Mientras su papá se dedicaba a su carnicería y su mamá a los libros de contabilidad, Katalin descubría la ciencia con entusiasmo. Luego, cuando fue momento de decidir qué estudiar, eligió Biología. Su pasión por la ciencia la llevaba a pasar horas en el laboratorio realizando experimentos y probando hipótesis para saciar su curiosidad.

Después de graduarse, comenzó a investigar una molécula que existe al interior de las células, llamada ácido ribonucleico. El ARN, como también se le conoce, es una especie de mensajero que lleva instrucciones importantes dentro de nuestro cuerpo. Katalin estaba segura de que conociendo el ARN a fondo se podrían desarrollar medicamentos para combatir infecciones y virus. Pero el resto de la comunidad científica no lo veía así y perdió el financiamiento para seguir con su trabajo.

Tiempo después, tuvo que dejar su hogar en Hungría para mudarse a Estados Unidos, donde continuaría con su investigación. Trabajó durante años en distintas universidades y, si bien sus avances eran prometedores, cada cierto tiempo perdía el respaldo de estas instituciones. Por eso, tuvo que viajar a Alemania, donde encontró mayor apoyo para su proyecto, aunque no la suficiente difusión.

La situación cambió cuando explotó la pandemia del coronavirus. Sus estudios fueron los que permitieron desarrollar la vacuna contra el COVID-19. Millones de vidas se salvaron gracias a que ella nunca se rindió.

Katalin se convirtió en la estrella de la comunidad científica internacional. En 2023, ganó el Premio Nobel de Medicina junto a su colega Drew Weissman. El trabajo de toda una vida fue recompensando y ella fue finalmente reconocida como la científica que generó una revolución médica capaz de salvar vidas.

ACTIVISTA

Reino Unido, 10 de marzo de 1847 - 13 de julio de 1934

Kate Sheppard

La mujer que luchó por todas las demás

Cuando Kate era una jovencita, había muchas prohibiciones para las mujeres. Por ejemplo, no podían vestirse como ellas querían, tampoco podían desempeñarse en cualquier trabajo y muy pocas iban a la universidad. Ni siquiera tenían permitido andar en bicicleta o ponerse un pantalón; mucho menos opinar de política o votar. La vida era distinta a la que hoy conoces.

Cierto día escuchó un discurso de la activista estadounidense Mary Leavitt. Este le causó una impresión tan fuerte que marcó su vida, la hizo reflexionar y fue su gran inspiración. Mary defendía que las mujeres tuvieran el derecho a opinar sobre los asuntos públicos de la sociedad. Desde ese instante, la vida de Kate nunca volvió a ser igual.

Su primer paso fue promover una reforma para el vestuario femenino. Quería desaparecer el uso del incomodísimo corsé, una prenda que ajusta con varillas el torso de las mujeres. ¿Por qué tenían que vivir tan apretadas? Después, fomentó que las chicas anduvieran en bicicleta al igual que los chicos, y a esta iniciativa le siguió una campaña para que las mujeres pudieran votar en las elecciones.

Escribía folletos, daba discursos, mandaba cartas, organizaba encuentros y planificaba giras por toda Nueva Zelanda. Por su trabajo incansable se fue haciendo conocida y cada vez ganaba más apoyo. Llegó a conseguir que casi treinta y dos mil mujeres firmaran su petición.

Tras ocho años de campaña, en 1893, el Parlamento de Nueva Zelanda les concedió a las mujeres el derecho al voto. Fue el primer país del mundo en hacerlo y todo gracias al movimiento que Kate lideró, el cual, en poco tiempo, contagiaría al resto del planeta.

INGENIERA ELÉCTRICA

Estados Unidos, 9 de mayo de 1989

Katherine Bouman

Capturar un agujero negro

De niña, observando el cielo nocturno, Katherine nunca habría imaginado que su trabajo sería fundamental en la investigación de uno de los mayores enigmas del universo: los agujeros negros, esas zonas del espacio donde la fuerza de gravedad es tan fuerte que nada puede escapar. Lo suyo no era la Astronomía, ella estudió Ingeniería Eléctrica y rápidamente se enamoró de la imagen computacional, una tecnología que combina los sistemas de computación y las cámaras para llevar la fotografía a otro nivel.

Su cruce con las estrellas fue totalmente inesperado. Cuando Katie se enteró del proyecto Event Horizon Telescope quedó encantada: buscaban tomar la primera fotografía de un agujero negro. Ella no sabía mucho del tema, pero en imagen computacional era una experta y ese reto le resultaba fascinante. Quería ser parte de eso.

El equipo unió a doscientos profesionales para fotografiar un lejano agujero negro ubicado a quinientos millones de billones de kilómetros de distancia de la Tierra. Ni el telescopio más potente podía tomarle una foto. Para lograrlo, trabajaron con telescopios ubicados en ocho lugares distintos, desde Chile hasta la Antártida. Cada uno tomaba miles de imágenes. Katie lideró el equipo responsable de procesar las fotos y de crear un sistema que pudiera entrelazarlas para tener una sola imagen. Era como tratar de armar un gigantesco rompecabezas con miles de pequeñas piezas.

Esa tarea les tomó tres años, y valió la pena. En abril de 2019, por fin el mundo podía saber cómo se veía realmente un agujero negro. Por supuesto, ella continúa trabajando en el desarrollo de la imagen computacional para estirar todavía más los límites del estudio del cosmos.

INGENIERA

México, 16 de junio de 1995

Katya Echazarreta

La primera mexicana en llegar al espacio

Cuando Katya tenía 7 años, pasaron dos cosas muy importantes en su vida: se mudó con toda su familia de México a Estados Unidos y decidió que iría al espacio.

Cada vez que le preguntaban qué quería ser de grande, ella contestaba «astronauta». «Ya se le pasará», pensaban los adultos. Pero los años transcurrían y Katya seguía firme en su respuesta. «Todos me decían que era un sueño de niños, que no iba a pasar; que debería enfocarme en algo más 'serio'», recuerda.

Adaptarse a un nuevo país fue difícil: cuando llegó, no hablaba inglés, lo cual representaba un primer obstáculo. Con mucha dedicación pudo superarlo, aprendió el idioma y empezó a destacar en los estudios. Luego, se graduó como ingeniera eléctrica en la prestigiosa Universidad de California, en Los Ángeles, y consiguió un puesto en la NASA. No podía creerlo: ¡estaba un paso más cerca de cumplir su sueño!

Allí, trabajó en cinco misiones desde el laboratorio hasta que, en 2022, el sueño de Katya se hizo realidad. Fue seleccionada entre más de siete mil personas para volar al espacio como parte de la iniciativa Space for Humanity.

Viajó a más de 3 200 kilómetros por hora y subió a más de cien kilómetros de altura. Lo hizo a bordo del cohete *New Shepard*, junto con otras cinco personas. Así se convirtió en la primera mujer mexicana en llegar al espacio. Quedó tan fascinada que, luego de su viaje, creó una fundación para impulsar la ciencia y la tecnología en la educación de la niñez mexicana. Su ejemplo nos muestra que el cielo no es el límite si nos esforzamos para lograr nuestras metas.

ESCRITORAS

Reino Unido, Charlotte (1816-1855), Emily (1818-1848) y Anne (1820-1849)

Las hermanas Brontë

La escritura como fuente de rebeldía

En un pequeño pueblo, rodeado por colinas bañadas de niebla, vivían las hermanas Charlotte, Emily y Anne Brontë, junto a sus padres y su hermano Patrick. Para divertirse, de niñas inventaron Angria, Gondal y Glass Town, tres mundos imaginarios donde podían vivir sus aventuras. Como amaban escribir, también pasaban horas convirtiendo esas historias y fantasías en obras de teatro, poemas y cuentos.

Ya un poco más grandes, quisieron dedicarse a la enseñanza, pero su pasión por la escritura pudo más: siempre volvían a casa para estar juntas y escribir. Decididas a convertir su sueño en realidad, reunieron un poco de dinero y publicaron su primer libro: un poemario. En vez de firmar con sus nombres reales, utilizaron sus iniciales para crear seudónimos masculinos. Charlotte firmó como Currer, Emily como Ellis y Anne como Acton. Y de apellido, en vez de Brontë, se pusieron Bell. Recibieron buenas críticas, pero solo vendieron dos copias.

Las hermanas no se dieron por vencidas. Enviaron más historias a distintas editoriales de Londres. Así vieron la luz los libros *Jane Eyre*, escrito por Charlotte; *Cumbres borrascosas*, por Emily; y *Agnes Grey*, por Anne. Todos tenían personajes protagónicos femeninos que desafiaban el papel de la mujer de esos tiempos.

Por fin, el reconocimiento llegó. Las hermanas continuaron publicando y, poco a poco, su verdadera identidad salió a la luz. ¡Fue una sorpresa! Muchos sospechaban que Currer, Ellis y Acton eran la misma persona.

Hoy las Brontë son iconos de la literatura mundial reconocidas por su estilo y sus poderosos personajes femeninos. Y casi doscientos años después, sus libros siguen entre los más populares de todos los tiempos.

ACTIVISTAS

República Dominicana, Patria (1924-1960), Minerva (1926-1960) y María Teresa (1935-1960)

Las hermanas Mirabal

La valentía de desafiar a un dictador

Sus nombres son difíciles de olvidar: Patria, Minerva y María Teresa Mirabal. En el país donde ellas vivían, República Dominicana, Rafael Trujillo gobernó durante más de treinta años y mandó matar a decenas de miles de personas opositoras a su gobierno, mientras él y su familia se enriquecían.

Un día, los Mirabal fueron invitados a una fiesta organizada por él. No podían rehusarse a asistir. En medio de la noche, el dictador sacó a bailar a Minerva e intentó enamorarla. Ella lo rechazó y se marchó temprano junto a su familia. Trujillo tomó esa actitud como una ofensa y ordenó vigilarlos. Incluso encarceló a Enrique, el padre.

Eso no se podía quedar así. Cansadas de tantas injusticias, Minerva y María Teresa, junto a sus esposos, fundaron un movimiento para oponerse al gobierno. Organizaban reuniones a escondidas y repartían folletos. Patria tenía un rol menos activo, pero prestaba su casa para las reuniones.

El movimiento fue creciendo. Las Mirabal convocaron a representantes de distintas regiones del país con el objetivo de rebelarse. Pero Trujillo contaba con espías en todo el territorio. Las hermanas y sus esposos fueron encarcelados en mayo de 1960.

Ante las críticas del gobierno de Estados Unidos, el dictador las liberó. Sin embargo, armó un plan para acabar con ellas. Cuando volvían de visitar a sus esposos, que seguían en prisión, sus agentes las interceptaron, las mataron y simularon que había sido un accidente en la carretera, aunque nadie lo creyó. Hoy, las Mirabal son consideradas heroínas en República Dominicana. En su memoria, la Organización de las Naciones Unidas declaró la fecha de su asesinato —el 25 de noviembre— como el Día Internacional de la Eliminación de la Violencia contra la Mujer.

CINEASTAS

Estados Unidos, Lana (1965) y Lilly (1967)

Las hermanas Wachowski

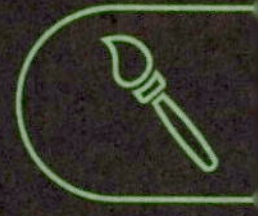

Un compromiso con la creatividad

Las hermanas Lana y Lilly Wachowski nacieron con dos años y medio de diferencia. Al nacer, se llamaban Larry y Andy. Les gustaba participar en las obras de teatro de la escuela, escribir historias y jugar Calabozos y Dragones. Los universos fantásticos, esos que hacían volar la imaginación, les fascinaban. Sin embargo, aunque crecieron como chicos, desde pequeñas se sentían como unas chicas en su mente y corazón.

Juntas, y todavía llamándose Larry y Andy, fundaron una empresa de construcción en su ciudad, Chicago, Estados Unidos. Pero su verdadera pasión seguía siendo jugar con su imaginación para crear historias. Ese talento las llevó a idear algunos guiones para los cómics de Marvel. Luego, también desarrollaron guiones para cine y dirigieron películas.

Su primera película, *Bound*, fue muy bien recibida. Los críticos quedaron encantados por su estilo. Pero su segundo largometraje, *Matrix*, fue un *boom*. La trama era novedosa y los efectos visuales que emplearon se consideraron revolucionarios. El impacto que causaron fue tal que cambiaron la forma de hacer cine de acción.

Con el tiempo, las cineastas se atrevieron a decirle al mundo que no eran Larry y Andy, sino Lana y Lilly. Fieles a sí mismas, anunciaron públicamente que eran mujeres transgénero, es decir, que se identificaban como mujeres a pesar de que nacieron con cuerpos masculinos.

Ya como Lana y Lilly dirigieron más películas, escribieron más guiones y cómics e incluso colaboraron en la realización de videojuegos. Los temas que ellas tratan suelen girar en torno a la identidad, los estereotipos, la libertad y la realidad.

Las hermanas Wachowski son reconocidas en el ámbito del cine por la originalidad de sus historias, su forma única de narrar y por contribuir a la diversidad en la industria.

PINTORA Y ESCRITORA

Reino Unido, 6 de abril de 1917 - 25 de mayo de 2011

Leonora Carrington

Pintar es una necesidad

Leonora creció en mansiones de amplios jardines y cerca de inmensos castillos llenos de misterios. De niña, su abuela irlandesa le contaba historias sobre gnomos, duendes, gigantes y fantasmas. También historias de mitología celta. Estos personajes y relatos expandieron su imaginación y su mundo interior, y ejercieron una notable influencia en la obra de la futura pintora.

Después de haber estudiado y vivido en escuelas de Florencia y París, tomó clases de dibujo en Londres. En aquella ciudad visitó por primera vez una exposición de arte surrealista. Este hecho fue fundamental, pues quedó impactada por este movimiento artístico, que busca representar el mundo de los sueños y el subconsciente a través de pinturas y escritos. Casualmente, un año después, conoció a Max Ernst, uno de sus principales exponentes.

Leonora y Max se enamoraron y se fueron a vivir a París, donde ella conoció a pintores como Pablo Picasso y Salvador Dalí. Por esa época, empezó a exponer sus propias obras en galerías y despertó un gran interés. Por desgracia, la Segunda Guerra Mundial separó a la pareja y ella buscó una vida lejos de Europa.

Fue así como se asentó en Ciudad de México, donde encontró inspiración en su cultura prehispánica. Le fascinaron las leyendas mayas y mexicas, debido a que le hicieron recordar a los personajes que habitaron su niñez. Mezcló, como buena surrealista, los sueños con la realidad, y obtuvo un lenguaje único en sus pinturas y esculturas, uno lleno de seres mágicos, cotidianos, imaginarios y reales, aquellos que la acompañaron desde siempre. Ese estilo tan suyo dotó su obra de gran originalidad y, actualmente, es reconocida como una figura indispensable para el arte.

CANTANTE Y ACTRIZ

España, 21 de enero de 1923 - 16 de mayo de 1995

Lola Flores

La diosa del flamenco

María Dolores, o simplemente Lola, como la llamaba cariñosamente su familia, siempre mostró un amor desbordante por el canto y el baile. Su corazón palpitaba de felicidad cada vez que escuchaba flamenco, la música del sur de España, donde nació. Motivada por esta pasión, quiso estudiar baile en una prestigiosa academia. Entre tanto, ella cantaba en bautizos y en pequeñas reuniones privadas en casas.

Su debut fue cuando tenía 16 años, en un espectáculo llamado Luces de España, celebrado en un teatro de Jerez, su ciudad natal. Ahí, ella se lució haciendo lo que más le gustaba: cantar. Poco después, pasó por una prueba que le cambiaría la vida. En Madrid, necesitaban una joven actriz, ¡y Lola fue seleccionada! Actuó en más de treinta películas, tanto en España como en México, y participó en numerosos programas de televisión. Pero eso sería después.

Su primer *hit* fue *El Lerele*, que trata sobre las tradiciones gitanas. Esta canción fue tan importante para su carrera que a la casa que compró en Madrid la bautizó con ese mismo nombre. Cantaba con tanto sentimiento que la apodaron «la Niña de Fuego». Se presentó primero en España, luego en Europa y, por último, conquistó las principales ciudades de América, desde Buenos Aires hasta Nueva York. Debido a su imponente presencia, su carácter fuerte y su peculiar personalidad, le llamaban «la Faraona».

¡Lola cantó y bailó su vida entera! Se convirtió en un icono de la música andaluza y en un ejemplo para las mujeres de su época, por su arduo trabajo y por su talento sin igual.

ARTISTA PLÁSTICA

Francia, 25 de diciembre de 1911 - 31 de mayo de 2010

Louise Bourgeois

Tejedora de memoria

Uno de los recuerdos más queridos de la infancia de Louise es la admiración que sentía al ver a sus padres restaurando tapices antiguos, tejiendo con delicadeza las partes que les faltaban. Ellos entrelazaban los hilos con sumo cuidado y les devolvían la belleza a aquellos objetos deteriorados por el tiempo. Lamentablemente, no pudieron hacer lo mismo con su relación de pareja y la niña fue testigo de sus diferencias y desacuerdos. Cuando creció, estaba segura de querer estudiar Matemáticas porque, según ella, el estudio de leyes que nadie podía cambiar le daba la paz mental que necesitaba.

Tras el fallecimiento de su madre, Louise dejó los números y se interesó por el arte. Asistió a varias escuelas en París, como la École des Beaux-Arts, la Académie de la Grande-Chaumière y la École du Louvre. También comenzó a trabajar en los estudios de grandes artistas.

Fue entonces que escogió la escultura como principal forma de expresión. No obstante, también pintaba, diseñaba joyas, ilustraba, realizaba grabados, tomaba fotos y mucho más. Ella usó sus recuerdos y experiencias de niñez como impulso para crear y así hacer las paces con su pasado. Además, fue una de las primeras en utilizar materiales reciclados para sus creaciones, como el plástico o el papel.

Con sus obras, quiso explorar la maternidad, la feminidad y la memoria. En la década de 1990, creó a *Maman*, una araña gigantesca de bronce que se convirtió en el icono de su arte. Esta simbolizaba a su propia mamá, que era tejedora, paciente, protectora y astuta, como ella misma la describió. A través de su arte, Louise perdonó, se liberó de su pasado e inspiró a muchas otras personas a hacer lo mismo.

CANTANTE

Estados Unidos, 16 de agosto de 1958

Madonna

Una rebelde que creyó en sí misma

Desde pequeña, no podía estar quieta. Siempre le gustó bailar, moverse, hacer acrobacias... ¡era como un pequeño huracán!, con energía desbordante y difícil de controlar. Pero esto cambió tras la muerte de su mamá, cuando tenía apenas 5 años. Esa pérdida dejó en el mundo de Madonna una marca indeleble y no tardó en empezar a rebelarse contra todo. O, tal vez, sencillamente decidió hacer las cosas a su manera.

Tras graduarse de la secundaria, obtuvo una beca para estudiar Danza en la Universidad de Míchigan, aunque eso no era lo que quería. Así que se mudó a Nueva York para encontrar su propio camino. Por las mañanas, atendía como mesera en un restaurante, después tomaba lecciones de baile y, por las noches, trabajaba como bailarina para otros artistas. En sus ratos libres, componía canciones, inventaba coreografías y se preparaba para ser solista.

En 1982, lanzó su primera canción, y luego otra y otra, y pronto se convirtieron en éxitos internacionales. Aparte de su música, lo que más llamaba la atención era su forma de vestir, de actuar y, en especial, sus innovadores videos. Madonna no seguía modas ni costumbres, era fiel a sí misma. Y así se ganó el corazón de millones de seguidores en el mundo.

Se convirtió en la reina del pop y es la cantante con mayores logros en la historia de la industria musical. No solo ha dado exitosos conciertos en innumerables países, sino que ha sabido transformar su música y su aspecto a lo largo del tiempo para siempre sorprender a su público. Su constante innovación y rebeldía contra lo convencional la han consolidado como un icono del pop.

ASTRONAUTA

Estados Unidos, 17 de octubre de 1956

Mae Jemison

Con la mirada fija en las estrellas

Sentada frente al televisor, la pequeña Mae miraba hipnotizada cómo, por primera vez en la historia, el astronauta Neil Armstrong pisaba la Luna. Tenía 12 años y, desde muy chica, no se perdía ninguna de las transmisiones espaciales cada vez que un nuevo cohete era lanzado al espacio. Le encantaban el brillo de las estrellas, la superficie de la Luna y la infinidad de misterios sin revolver que esconde el universo.

A pesar de su fascinación, había algo que le molestaba: nunca veía mujeres astronautas en las misiones espaciales. ¡Y ella quería estar ahí!, no solo frente al televisor. Por eso, tomó una decisión: si se esforzaba mucho, ella, una niña afrodescendiente, podría viajar al espacio cuando fuera grande.

Estudió tres carreras: Ingeniería Química, Estudios Africanos y Medicina. Luego, trabajó dos años en África con el Cuerpo de Paz, un prestigioso grupo de voluntarios internacionales. Al regresar a Estados Unidos, decidió postular a la NASA, la agencia espacial de ese país. Entre dos mil postulantes, Mae fue una de las 15 personas elegidas.

Después de cinco años de trabajo y entrenamiento, cumplió su sueño: fue la primera mujer afroamericana en llegar al espacio. El viaje en la nave *Endeavor* duró ocho días. Durante su misión, realizó experimentos para estudiar el mareo que padecen los astronautas y cómo los viajes espaciales afectan sus huesos. Ella y sus seis compañeros dieron 127 vueltas a la Tierra antes de volver.

A su regreso, Mae se dedicó a la enseñanza y a promover la ciencia y tecnología entre los más jóvenes. Su audacia e inquebrantable voluntad no solo sirve de inspiración a las futuras generaciones, sino que les abre las puertas a nuevos horizontes.

ACTIVISTA

Pakistán, 12 de julio de 1997

Malala Yousafzai

Cuando el lápiz derrota al fusil

Malala, una niña de ojos oscuros y grandes aspiraciones, nació en un valle pacífico rodeado de montañas en Pakistán. A los viajeros les encantaba visitar este lugar por la belleza del paisaje, salpicado de campos de trigo y las ruinas de antiguos templos budistas. Pero cuando tenía 11 años, esa paz se quebró: un grupo de hombres armados y violentos tomó el control de la zona.

Desde ese día, muchas cosas cambiaron. Para evitar que las niñas estudiaran, cerraron varias escuelas, entre ellas, la de Malala. Este hecho la entristeció demasiado, porque a ella le gustaba aprender; los libros le permitían ampliar sus horizontes. Eso no se podía quedar así, por ello, a su corta edad, creó un blog anónimo para contarle al mundo lo que estaba pasando en su pueblo. Tiempo después, cuando el Gobierno de su país recuperó el control del valle, Malala reveló su identidad y, junto con su papá, visitó muchos lugares para defender la importancia de que las niñas estudien.

Los invasores del valle estaban furiosos. Como respuesta, una tarde, dos de ellos detuvieron el bus en el que volvía del colegio para dispararle. Ella solo tenía 15 años.

Aunque parecía imposible que sobreviviera, despertó en el hospital diez días después. Seguro tuvo miedo, pero ni el atentado la pudo silenciar y pronto volvió a hablar en público en defensa de las niñas. «Un niño, un maestro, un libro, un lápiz pueden cambiar el mundo», dijo en la ciudad de Nueva York delante de cuatrocientos jóvenes. A los 17 años, le fue otorgado el Premio Nobel de la Paz y pasó a la historia como la persona más joven en recibir este importante galardón.

POLÍTICA

Arabia Saudita, 25 de abril de 1979

Manal Al-Sharif

Viaje a la liberación

Manal era hija de un taxista y, cuando era pequeña, disfrutaba de los paseos en automóvil. Le gustaba contemplar a su papá con las manos en el volante y la mirada atenta al camino. Aunque le habría encantado aprender a conducir, eso no era posible. En Arabia Saudita, las mujeres no podían hacer muchas cosas sin el permiso de algún hombre que las protegiera.

Al principio, Manal no veía esto como un problema. Después de todo, ella había sido educada con esa forma de ver el mundo. Sin embargo, poco a poco, al hacerse adulta, fue cuestionando esas reglas. Se sentía muy frustrada por lo trabajoso que era llevar a cabo acciones tan sencillas como pedir un taxi. ¡No lo podía hacer ella misma! ¡Siempre dependía de alguien más!

Un día, decidió tomar el volante del coraje y buscar una solución. Era el año 2011 cuando se grabó a sí misma conduciendo y subió el video a YouTube y Facebook. Quería generar una reacción y sabía del impacto que tienen las redes. En unas cuantas horas, acumuló setecientas mil visitas, pero también insultos y amenazas. «Mamá, ¿somos malas personas?», le preguntó su hijo luego de que fuera molestado en la escuela por lo que ella había hecho. Por supuesto que no lo eran.

Manal fue arrestada y pasó nueve días en prisión. Su hermano también fue encarcelado y obligado a dejar el país por haberle dado las llaves de su auto. A pesar de eso, su valentía inspiró a unas cien mujeres a salir a manejar para desafiar a las autoridades. Tras varios años de protestas, el Gobierno saudí levantó la prohibición. De esta manera, Manal logró que las mujeres de su país dieran un paso más hacia la igualdad.

ASTROFÍSICA

Italia, 12 de junio de 1922 - 29 de junio de 2013

Margherita Hack

La Dama de las Estrellas

Al concluir su primera clase universitaria, Margherita se dio cuenta de que había cometido un error. No quería estudiar Literatura. Resuelta, se dijo que probaría con su segunda opción: Física. En cuanto recibió las primeras lecciones, supo que estaba en el lugar correcto. Y cuando cursó la materia de Astrofísica, lo confirmó. Había quedado cautivada con las estrellas y sus misterios.

Margherita dedicó su vida a estudiar los planetas, las estrellas, los agujeros negros y el espacio sideral. Resolver los acertijos que esconde el universo se convirtió en su mayor anhelo. Pasaba horas observando el cielo con telescopios y haciendo cálculos para probar sus teorías.

Primero, trabajó en los observatorios astronómicos de Florencia y Milán. Luego, se mudó a Trieste como profesora universitaria y directora del Observatorio Astronómico. Este fue un gran paso para su carrera: era la primera mujer en Italia en dirigir un observatorio. Gracias a su pasión y perseverancia, el centro pasó de ser un pequeño instituto a un moderno laboratorio de fama internacional.

Publicó más de 250 investigaciones, algunas muy adelantadas a su tiempo. Una de sus teorías solo pudo ser comprobada veinte años después, cuando se desarrolló la tecnología para demostrar lo que Margherita ya había descubierto. En 1995, bautizaron al asteroide 8558 como Hack en su honor.

Acercar la Astrofísica a las personas «comunes y corrientes» fue otro de sus intereses. Margherita escribió libros y hasta tuvo un programa de televisión donde explicaba de forma sencilla lo que pasaba en el cosmos. La «Dama de las Estrellas», como le decían, marcó un hito en la astronomía italiana.

BICICROSISTA

Colombia, 10 de octubre de 1991

Mariana Pajón

La ciclista que hizo soñar a todas las niñas de un país

La primera bicicleta de Mariana era color rosa y llevaba calcomanías de Barbie pegadas por todos lados. Fue su regalo soñado. Su papá y su hermano mayor competían en bicicrós y esta pequeña no podía esperar a tener la suya para poder practicar con ellos en la pista.

Aprendió a montar inmediatamente. Es más, de nada sirvieron las rueditas auxiliares que su papá le había puesto para ayudarla, nunca las necesitó. Tenía 4 años y su talento para manejar la bicicleta ya era evidente.

De inmediato comenzó a competir. Como no había categorías femeninas para que ella participara, lo hacía en las carreras de los varones, y las ganaba todas. En el mundo del bicicrós colombiano, la niña, que competía contra niños más grandes —¡y les ganaba!—, empezó a hacerse conocida.

A los 11 años, dejó Medellín para ir a entrenar a Estados Unidos. Soñaba con ser la número uno del mundo y sabía que, si quería lograrlo, tenía que practicar con los mejores. La apuesta funcionó. Aún no cumplía 19 y Mariana ya había ganado tres campeonatos mundiales junior.

Hoy en día, Mariana es una estrella de este deporte: ha sido campeona del mundo más de veinte veces y tiene tres medallas olímpicas: dos de oro y una de plata. Además de seguir compitiendo, trabaja para impulsar el deporte en Colombia. Su historia ha inspirado a miles de niñas y niños a pensar en grande y luchar por sus sueños.

CIENTÍFICAS

Marie (Polonia, 1867-1934) e Irène (Francia, 1897-1956)

Marie Curie e Irène Joliot-Curie

Dos pioneras de la ciencia

A pesar de su escasa edad, Marie era conocida por su maravilloso talento para los números. Precisamente por eso, ella quería ingresar a la Universidad de Varsovia, pero no pudo porque las mujeres lo tenían prohibido. Aun así, ella no se echó para atrás: después de trabajar algunos años como institutriz, dejó Polonia para irse a Francia y cumplir su sueño. Estudió Física y Matemáticas en la Universidad de París.

Allí también conoció a Pierre, otro físico apasionado por la ciencia. Se casaron y juntos comenzaron a investigar sobre la recién descubierta radioactividad, una palabra que no existía y que ambos inventaron. Además, hallaron dos nuevos elementos: el polonio y el radio.

Por su novedoso trabajo, ganaron el Premio Nobel de Física en 1903. Marie fue la primera mujer en la historia en obtener tan destacado reconocimiento. Y, por si fuera poco, ocho años después lo volvió a recibir, esta vez por sus investigaciones en Química.

Marie y Pierre tuvieron dos hijas. Al crecer entre pipetas y libros, Irène, la mayor de las dos, heredó el entusiasmo por la ciencia. Durante la Primera Guerra Mundial, junto a su madre desarrolló vehículos que permitían tomar rayos X en el mismo campo de batalla.

Una vez que Irène se graduó como física, se dedicó a continuar el legado de sus padres. ¡Y vaya que lo hizo! En 1935, ganó el Nobel de Química por su investigación sobre la radioactividad artificial.

Marie e Irène sabían que su trabajo podía poner en riesgo su salud, pero su sed de conocimiento pudo más. Si bien ambas fallecieron por causa de la radiación a la que estuvieron expuestas, sus aportes fueron claves para la ciencia moderna. La vida que hoy conocemos no sería la misma sin sus descubrimientos.

ARTISTA DE PERFORMANCE

Serbia, 30 de noviembre de 1946

Marina Abramović

La artista que se convirtió en su propia obra de arte

A los 12 años, Marina estaba segura de que quería ser artista. Empezó a pintar sus sueños, a dejarse llevar por la creatividad. Tiempo después, estudió en las academias de Bellas Artes de Belgrado y Zagreb, donde era una de las pocas mujeres que asistía.

Amaba el arte, pero quería hacer algo distinto, algo innovador; no tardó en explorar distintas formas de expresión. Fue entonces que descubrió el *performance*, es decir, la corriente artística en la que un artista requiere la presencia de espectadores para llevar a cabo sus obras. Es una mezcla de teatro, música y artes visuales.

En uno de sus primeros *performances*, Marina logró que su audiencia estuviera conectada con ella durante seis horas. Dispuso 72 objetos sobre una mesa —una rosa, miel, tijeras, pan, perfume, etcétera— e invitó a su público a interactuar con los objetos y con ella. Quería saber a qué punto eran capaces de llegar. Nadie había hecho nada similar hasta ese momento. Ella misma era su obra de arte, una en constante cambio.

A partir de entonces, se presentó en todo el mundo. Marina ha seguido explorando la relación entre el artista y su público a través de sus *performances*. Para ella, es una forma de cuestionar los problemas del mundo, como la guerra, la violencia y la soledad. Con su originalidad, marcó un antes y un después en el arte. No en vano se convirtió en la primera mujer artista en exponer sola en los más de 250 años de la fundación de la Royal Academy of Arts de Londres.

ESCRITORA

Reino Unido, 30 de agosto de 1797 - 1 de febrero de 1851

Mary Shelley

La adolescente que inventó la ciencia ficción

Mary nació en Londres a fines del siglo XVIII, cuando las fábricas se multiplicaban y la ciencia y la tecnología prometían mejorar la vida de la gente. En esos tiempos de emocionantes cambios, ella crecía devorando con avidez la gran biblioteca que le heredaron sus padres.

Cuando tenía unos 18 años, se enamoró de Percy Bysshe Shelley, un joven poeta. La pareja partió de viaje rumbo a Suiza. Mientras atravesaban Europa, vieron la devastación que habían causado las guerras napoleónicas. La sombra de la guerra comenzó a alimentar en ella el interés por el horror.

Tiempo después, durante otro viaje a Suiza, a ambos los invitaron a visitar la elegante casa del famoso poeta Lord Byron. El clima, inusualmente frío y lluvioso, los obligó a permanecer encerrados y, para hacer la estadía más amena, Byron lanzó un desafío: todos debían escribir una historia de terror. Esa noche, Mary tuvo un sueño muy vívido: con ayuda de una máquina, un estudiante logra dar vida a una creatura espantosa.

Aquel sueño sirvió a la imaginativa escritora como base para concebir al monstruoso personaje sin nombre que protagoniza *Frankenstein o el moderno Prometeo.* Esta inquietante novela ha sido traducida a decenas de lenguas, cuenta con un sinfín de adaptaciones cinematográficas y teatrales, y no pierde vigencia.

Mary Shelley no solo desafió las costumbres de la época, que apartaban a las mujeres de la literatura, sino que creó una obra emblemática en la literatura universal y que es reconocida como la primera novela de ciencia ficción de la historia.

ESCRITORA

Reino Unido, 27 de abril de 1759 - 10 de septiembre de 1797

Mary Wollstonecraft

Adelantada a su época

Cuando Mary era solo una niña, nadie habría creído que sería una de las primeras escritoras en poder vivir de su trabajo. Esto era poco usual en su época, pues las mujeres pasaban de la casa de sus padres a la de sus esposos. Pero era tanta la calidad de sus novelas, ensayos, tratados, cuentos y relatos que ella alcanzó el éxito.

En el siglo XVIII, ya se discutía sobre la igualdad entre hombres y mujeres. Y Mary fue una de las primeras en escribir a favor de ello. Su libro *Vindicación de los derechos de la mujer* sostiene que las mujeres no son inferiores a los hombres, sino que la diferencia está en que ellas no reciben la misma educación, privilegios y oportunidades. Se hizo muy famosa en toda Europa por este pensamiento, gracias al cual se le considera una de las fundadoras del feminismo, un movimiento que busca la igualdad en cualquier aspecto de la vida.

Llegó a París poco antes de que el pueblo quitara del poder a los monarcas para establecer un gobierno donde todos tuvieran voz. Ahí se dedicó a investigar los cambios que veía. Con el material que recopiló, publicó su libro *Una visión histórica y moral del origen de la Revolución francesa.* Luego, escribió varios libros más en los que cuestionó las reglas y costumbres de su tiempo.

Uno de los principales intereses de Mary fue la igualdad. Ella consideraba importante que todos tuvieran las mismas oportunidades en la educación, en el trabajo y en la sociedad. Así, propuso que las mujeres pudieran ir a la universidad.

Mary nunca dejó de luchar por sus ideales y fue inspiración para numerosas generaciones de mujeres que clamaban por la igualdad de sus derechos.

ACTIVISTA Y MÉDICA

Ecuador, 29 de septiembre de 1889 - 20 de febrero de 1974

Matilde Hidalgo

Pionera dentro y fuera de las aulas

Matilde siempre se distinguió por su personalidad especial, y así lo demostraba cada tarde después de clases. Detrás de su escuela estaba un hospital, y en lugar de ir a jugar, ella prefería ayudar a las religiosas que atendían a los enfermos. Así, desde chiquita, se enamoró de la medicina y decidió que quería ser médica.

Sin embargo, había un problema. En aquella época, en Ecuador las mujeres solo estudiaban hasta los 11 años. No iban a la secundaria, mucho menos seguían una carrera universitaria. A ella, ser mujer no le parecía una razón suficiente para que se le prohibiera cumplir el objetivo que se había propuesto. Se prometió a sí misma que no aceptaría un «no» como respuesta.

Con la ayuda de su familia pudo entrar a la secundaria. Era la única niña y, a pesar de las burlas de sus compañeros, nunca se dio por vencida. Fue la primera mujer en graduarse de este nivel escolar en Ecuador, y lo mismo pasó cuando entró a la universidad. Aunque la presionaron para que eligiera Enfermería, una carrera que se consideraba más adecuada para una mujer, ella no desistió hasta graduarse como médica. También fue la primera en su país en conseguirlo.

Su lucha por la igualdad no se detuvo allí. Ella quería que las mujeres votaran, tal como lo hacían los varones. En 1924, inició una campaña que la llevó a convertirse en la primera mujer en toda Latinoamérica en votar en unas elecciones nacionales. Al fin, las ecuatorianas podían hacer escuchar su voz. Por si fuera poco, también fue la primera mujer electa para un cargo público en su país.

Matilde será recordada por su valentía y tenacidad, valores con los que abrió caminos para las mujeres latinoamericanas.

ESCRITORA

Estados Unidos, 4 de abril de 1928 - 28 de mayo de 2014

Maya Angelou

La niña que encontró su voz

Maya fue criada en la parte trasera de una tienda en un vecindario pobre en Arkansas. Su madre y su abuela trabajaban allí todo el día, así que ella encontró compañía en los libros.

A los 7 años, un acontecimiento muy duro la hizo sumergirse en el silencio, pero nuevamente encontró refugio en la lectura. Tras cinco años sin hablar, un amigo de su abuela, conmovido por la pasión con la que leía, le dijo que los versos se disfrutaban más en voz alta. Ese consejo la motivó a hablar de nuevo.

Al igual que su madre y su abuela, tuvo trabajos distintos para salir adelante. Fue chofer de tranvía, mesera, cocinera y bailarina. Gracias a su hermosa voz, se convirtió además en cantante, lo que la llevó a escenarios de Nueva York, Los Ángeles, París y Ámsterdam.

Fue en su papel de artista que conoció a Martin Luther King, el predicador que encabezaba la lucha contra las desigualdades. A su lado, Maya se involucró de lleno en esta causa y coordinó marchas y distintos eventos.

Por ese tiempo, otro amigo suyo, el escritor James Baldwin, la convenció de contar en un libro la historia de su vida. Siguiendo este consejo, en 1969, Maya publicó el primer tomo de su autobiografía, en la que narraba su experiencia con el racismo. La tituló *Yo sé por qué canta el pájaro enjaulado.* Su éxito fue rotundo y después vinieron más libros. Siguió publicando sus memorias, además de poesía y ensayo. También escribió un guion para cine ¡e incluso dirigió una película!

En uno de sus poemas dijo: «Puedes escribirme en la historia/ con tus amargas, torcidas mentiras,/ puedes arrojarme al fango/ y aun así, como el polvo, yo me levanto». Y, en efecto, Maya se levantó del silencio para convertirse en una figura indispensable para la cultura afroamericana.

ACTRIZ

Estados Unidos, 22 de junio de 1949

Meryl Streep

Una estrella que no deja de brillar

A pesar de su juventud, esta chica de Nueva Jersey tenía las cosas claras: ella quería actuar. Desde sus primeras obras escolares, demostró un talento particular que la hacía resaltar en el escenario. Podía ser una reina malvada o una niña encantadora. No importaba el papel, ella siempre lo interpretaba con entusiasmo y convicción. Aunque su verdadero nombre es Mary Louis, ya para entonces la llamaban Meryl, un apodo que le puso su papá y con el que sería conocida mundialmente.

Como era de esperar, estudió Teatro y se graduó con las más altas calificaciones. Luego, cursó una maestría en Arte Dramático en la Universidad de Yale. Si bien sus antiguos compañeros la recuerdan como «perfecta», no todos estaban impresionados con ella en sus inicios. Meryl fue rechazada de un *casting* por ser considerada poco atractiva. En otra ocasión, eliminaron todas sus escenas de una película. Esto la llevó a pensar en dejar el cine para concentrarse en el teatro.

No lo hizo. Gracias a la determinación que la caracterizó desde niña, no se dio por vencida y siguió luchando por su sueño. Así llegó la oportunidad de protagonizar exitosas películas y de dejar personajes memorables para la historia del cine.

Meryl ganó tres óscares, pero ha sido nominada más de veinte veces a estos premios, lo que la convierte en la persona con más nominaciones en la historia. En 2023, obtuvo el Premio Princesa de Asturias a las Artes como reconocimiento a su trayectoria. Como es claro, su presencia en la pantalla es garantía de excelencia.

PRÓCER

Perú, 23 de junio de 1744 - 18 de mayo de 1781

Micaela Bastidas

Semilla de independencia

En la provincia de Tinta, ubicada en la ciudad de Cusco, Perú, nació una intrépida pequeña llamada Micaela. Su familia era indígena. Ella no sabía leer ni escribir, tampoco hablar español, aunque sí lo comprendía. Desde joven fue evidente su liderazgo: cuando su esposo José Gabriel, que era cacique, salía de viaje para hacer trámites o vender mercadería, se notaba aún más, pues ella administraba las tierras y el ganado, llevaba las cuentas y pagaba a los trabajadores.

A Micaela y a su esposo les preocupaba la educación de sus hijos. Deseaban que entendieran la importancia de la libertad y la justicia. Por eso, les consiguieron maestros privados. De ese modo, evitaron enviarlos al Colegio de Caciques de Cusco, donde les enseñarían a ser sumisos ante los invasores.

En 1780, José Gabriel inició su rebelión a favor de los derechos de los indios. Él adoptó el nombre de Túpac Amaru II para dejar en claro que descendía de los incas. Cuando las tropas de su esposo avanzaron por las zonas altas de Cusco y Puno, Micaela asumió con suma dedicación la dirección política y administrativa del movimiento rebelde.

Su labor era crucial: se encargaba de reclutar soldados, conseguía suministros, dictaba cartas para animar a sus aliados y también para amenazar a los enemigos. En señal de respeto, sus colaboradores la llamaban «señora gobernadora».

Sin embargo, el contraataque de los rivales fue feroz. Micaela fue arrestada junto con su esposo y sus hijos. A pesar de la presión de sus jueces, nunca delató a sus colaboradores. Cuando le tocó declarar junto a Túpac Amaru II, se mantuvo valiente como siempre. El sacrificio de esta inigualable mujer regó la semilla de la independencia de Perú.

POLÍTICA

Chile, 29 de septiembre de 1951

Michelle Bachelet

Defensora de la libertad

Cuando Michelle iniciaba sus estudios de medicina en Chile, a su padre le dieron un alto puesto en el gobierno de Salvador Allende. Él era un general de la Fuerza Aérea y su tarea era dirigir la entrega de alimentos para la población. Sin embargo, una mañana de 1973, otro militar, Augusto Pinochet, decidió romper las reglas y sacar del poder al presidente chileno para tomar su lugar.

La vida de Michelle cambió completamente. Su padre fue arrestado por oponerse a Pinochet y terminó sus días en prisión. Pese al dolor de ver encarcelado a su padre y dejando a un lado el miedo, ella comenzó a ayudar en secreto a las personas que no estaban de acuerdo con lo que sucedía. Tenía tan solo 22 años y terminó siendo detenida junto con su madre durante semanas.

Tras varios años en Alemania, donde estudió Medicina, regresó a su país en 1979. Ahí arrancó su labor como activista a favor de los derechos humanos y la democracia. Después de que Pinochet salió del poder, en 1988, Michelle se inició en los cargos políticos. Fue ministra de Salud y consiguió reducir las filas de atención en los consultorios públicos. Luego, fue ministra de Defensa Nacional y promovió que las mujeres accedieran a la carrera militar. Ella abría puertas desde donde estuviera.

En 2006, se convirtió en la primera presidenta de la historia de Chile. Lo primero que hizo fue nombrar un gabinete de ministros con igual número de hombres y mujeres. También puso énfasis en la defensa de los derechos humanos. Cuando terminó su mandato, se dedicó a promover estos derechos en todo el mundo. Michelle tuvo que afrontar un sinfín de retos, pero con esfuerzo se volvió un ejemplo a seguir.

GIMNASTA

Rumania, 12 de noviembre de 1961

Nadia Comăneci

La gimnasta que logró lo imposible

La pequeña Nadia pasaba horas saltando y corriendo por todos lados. Era demasiado inquieta. Por eso, su mamá la llevó al club deportivo de su barrio. Ahí podría dar volteretas unas cuantas horas al día y gastar un poco de energía. Fue así que, entre colchonetas y barras, su hija encontró su pasión: la gimnasia artística, una disciplina que, además, cambiaría para siempre.

Cuando tenía 6 años, Bela Karolyi, un famoso entrenador, se sorprendió ante su talento y se convirtió en su instructor. Aunque a Nadia no le fue bien en sus primeras competencias, ella no se desanimó. Tampoco la distrajeron la televisión ni los juegos con las amigas. No había nada que la hiciera perderse sus tres horas diarias de entrenamiento. Era su momento sagrado.

A los 8 años ganó su primer campeonato nacional. Ese fue el inicio de un largo camino en el que siguió cosechando medallas hasta que alcanzó la categoría adulta cuando cumplió los 14 años.

A pesar de que competía contra chicas más grandes, Nadia seguía arrasando y llegó en excelentes condiciones para los Juegos Olímpicos de 1976. Si bien era una de las favoritas, nadie esperaba lo que pasó. En su primera rutina, en las barras asimétricas, obtuvo una puntuación de diez. Nunca un atleta había recibido un puntaje perfecto. Ni siquiera fue posible indicar la calificación correcta en los tableros, ya que no podían mostrar tantos dígitos. La gimnasta obtuvo otros seis puntajes perfectos a lo largo de la competencia, una hazaña que no ha podido ser igualada.

Hoy en día, ya está alejada de los torneos, pero sigue formando deportistas e inspirando a los jóvenes a través de charlas motivacionales. Sin embargo, nadie olvidará las nueve medallas olímpicas y los dos campeonatos del mundo de la niña que revolucionó la gimnasia y redefinió la excelencia en el deporte.

ACTIVISTA

Irak, 10 de marzo de 1993

Nadia Murad

Cómo decirle «NO» al sometimiento

Nadia creció en una aldea de casas de barro en el norte de Irak. Según recuerda, la vida ahí era muy feliz y simple. Los días transcurrían en calma, se parecían unos a otros, pero eso les daba paz. Sin embargo, en agosto de 2014, un grupo de sujetos armados y violentos rodearon su aldea. La tranquilidad se vio fracturada de pronto.

«Intentamos pedir ayuda por teléfono y otros medios. Sabíamos que algo horrible nos iba a pasar. Pero no llegó la ayuda», contó Nadia. Para los atacantes, ella y los suyos eran herejes, es decir, seguían una religión equivocada. Tendrían que cambiarse forzosamente a la fe del invasor, si no querían salir lastimados.

Nadia vio cómo destruyeron su aldea y dañaron a su familia. A ella la llevaron a la ciudad iraquí de Mosul para que fuera una esclava. Luego, fue obligada a casarse con uno de esos hombres que tanto mal le habían hecho. Ella trató de escapar por una ventana, pero la atraparon. El castigo que recibió fue tremendo. Sin embargo, Nadia no se rindió en su intento de conseguir la libertad. Un día, aprovechó un momento en que su esposo salió de casa y huyó.

Con el auxilio de una familia, pudo escapar a Alemania; allí comenzó a compartir su historia. Gracias al apoyo de unos abogados, denunció ante las Naciones Unidas la gravedad de los abusos cometidos en Irak. A los 24 años, se convirtió en Embajadora de Buena Voluntad de esta institución, mientras soñaba con volver a su país y trabajar como maquillista. Por su lucha para frenar la violencia contra las mujeres, recibió en 2018 el Premio Nobel de la Paz, un merecido reconocimiento para quien supo enfrentar la adversidad.

REINA

Senegal, aprox. 1810 - aprox. 1860

Ndaté Yalla

Firme hasta el final

A los 10 años, Ndaté fue testigo de un hecho que marcaría su vida para siempre. Ella era hija del rey de Waalo, un reino ubicado al noroeste de lo que hoy es Senegal. Una gran urgencia obligó a su padre a ausentarse de su territorio. Entonces, un pueblo rival aprovechó para atacar.

Lo que ocurrió luego nadie lo esperaba. Las mujeres de la corte se disfrazaron de hombres y pelearon con tal ferocidad que los enemigos huyeron. Sin embargo, estos descubrieron el engaño y volvieron a la carga. Ndaté vio a su madre, la reina, dirigir la resistencia, dispuesta a morir antes que perder su reino. Esa fue una de las lecciones más valiosas que aprendió de su familia.

Tiempo después, con 16 años, Ndaté se convirtió en reina de Waalo, y la mujer más poderosa de aquella zona de África. Por esa época, los franceses querían conquistar no solo a Waalo, sino también las naciones vecinas. Para contener el avance de las tropas de Francia, Ndaté y su esposo —quien dirigía su ejército— tuvieron que demostrar mucha fiereza y decisión. La reina exigió un derecho de paso a los comerciantes que abastecían de ganado a la ciudad de San Luis, la capital de la colonia francesa. Dificultando ingeniosamente las acciones de los rivales, y con ataques militares, pudo defender la independencia de su amado pueblo.

Ante tal situación, el general francés Louis Faidherbe movilizó quince mil soldados y cuatrocientos caballos desde Argelia para aplastar a los rebeldes. Ella, fiel a su consigna, se negó a rendirse. Pese a sus esfuerzos, en febrero de 1855, su reino finalmente cayó. Ndaté vivió en un mundo muy distinto del nuestro, pero su legado perduró, en su aguerrido pueblo y en la actualidad, como ejemplo de valentía.

REINA

Egipto, 1370 a. C - 1331 a. C.

Nefertiti

El rostro del poder y misterio de Egipto

Los antiguos egipcios creían en varios dioses. Estaba, por ejemplo, Mut, la diosa del cielo; Khonsu, el dios de la luna; y Anubis, el guardián de tumbas. Los dioses representaban cosas cotidianas de la vida de las personas, como la agricultura, la caza, la guerra y la protección; pero cuando Nefertiti se convirtió en la reina del imperio, todo cambió. Ella era la esposa del rey Akhenatón y juntos decidieron hacer un cambio inimaginable: en Egipto habría un único dios: Atón, el que le da vida a la Tierra.

Durante cinco años, se esforzaron para que Atón, el dios del sol, tuviera cada vez más importancia entre su gente. Lograron hacer una revolución religiosa en la que las mujeres tenían mayor protagonismo y libertades. Nefertiti se volvió la mano derecha de su esposo en distintos asuntos del gobierno, así como también se convirtió en una diosa viva que representaba la fertilidad. Por si fuera poco, tomó un rol como sacerdotisa, el cual solo se daba a los faraones.

Tras su muerte, la existencia de Nefertiti fue olvidada poco a poco, como si hubiera sido tapada por la arena del desierto. Hasta que, en 1912, el arqueólogo alemán Ludwig Borchardt descubrió un busto de la reina enterrado entre unas ruinas al este del río Nilo. Era una escultura imponente que retrata a la reina con un tocado único: una corona azul altísima. Hoy, gracias a esa obra de arte, el de Nefertiti es uno de los rostros más famosos de la antigüedad.

CANTANTE

Estados Unidos, 30 de diciembre de 1946

Patti Smith

De niña tímida a estrella de *rock*

Patti vivía en Chicago y tenía pocos amigos cuando era niña. Su interés por la poesía, el *jazz* y el *rock* antiguo causó que sus compañeros de clases la rechazaran; no encajaba, y eso la hacía sentir sola. En algún momento de su vida pensó que su gusto por la lectura le ayudaría a ser profesora, pero el destino le depararía algo muy diferente.

Con sus ahorros, se mudó a Nueva York, donde conoció a Robert Mapplethorpe, un estudiante de arte y futuro fotógrafo, con quien descubriría el movimiento cultural y artístico independiente de la ciudad. Patti y Robert se enamoraron entre conciertos, lecturas de poesía, presentaciones de libros y obras de teatro.

Esa vida bohemia hizo que Patti se animara a escribir poemas, canciones, a actuar en teatros independientes y explorar su lado artístico. Al cabo de un tiempo, formó una banda de *rock*. Sus canciones tenían la influencia de la música que le gustaba cuando era niña. Se dio cuenta de que aquello que antes había provocado el rechazo en su escuela, ahora le abría las puertas del mundo artístico. Su relación con Robert terminó, pero siguieron siendo buenos amigos.

El éxito musical acompañó a Patti con premios, giras y honores en distintas partes del mundo. Superó la súbita muerte de Robert cumpliendo la promesa de escribir un libro sobre la historia de ambos, llamado *Just Kids*, el cual recibió el Premio Nacional de Libro de No Ficción en 2010.

Hoy, es miembro del Salón de la Fama del Rock and Roll, es una exitosa escritora y un icono que logró abrirle espacio a la niña particular que alguna vez fue. Y lo hizo sin perder su esencia en el camino.

ACTRIZ

España, 28 de abril de 1974

Penélope Cruz

Toda gran actuación comienza con una pequeña ilusión

Antes de ganar un oscar, antes de ser la actriz española más valorada en Hollywood, antes de ser imagen de Coca-Cola y Nintendo, Penélope Cruz era una niña que veía la televisión y se imaginaba protagonizando una película, pero no una cualquiera. Ella soñaba con estar en alguna de Pedro Almodóvar, tal vez el director de cine más famoso de España. Tenía solo 15 años cuando vio por primera vez *Átame*, una cinta que la convenció de querer ser actriz.

Penélope no venía de una familia cercana al mundo del espectáculo. Su padre era comerciante de autos usados y su madre trabajaba en una peluquería. Aun así, ella los convenció de inscribirla en clases de baile y actuación. Tras semanas y semanas de aprendizaje y ensayos, llegó su primera oportunidad: protagonizó un videoclip del aclamado grupo musical Mecano.

Participó en muchas audiciones para proyectos audiovisuales de ahí en adelante. Logró formar parte del programa musical *La quinta marcha*. A los 18 años, ya había aparecido un par de veces en la pantalla grande y tuvo la oportunidad de conocer a su ídolo, Pedro Almodóvar. Ambos han trabajado juntos en seis ocasiones en los últimos años. Sin embargo, ella también se ha lucido con otros directores, deslumbrando a la crítica con sus interpretaciones, y les ha abierto la puerta de nuevos escenarios a otros actores españoles.

Ha ganado varios premios a lo largo de su carrea, entre ellos el Oscar como mejor actriz de reparto. Ha sido la primera española en recibir ese galardón. Además, su importante aporte al cine español la hizo merecedora del Premio Nacional de Cinematografía, una de las distinciones más importantes de su país. Gracias a su talento y gracia, no dejará de ser alabada.

ESPÍA

Colombia, 26 de enero de 1795 - 14 de noviembre de 1817

Policarpa Salavarrieta

La heroína que dio su vida por la libertad

De pequeña, Policarpa nunca imaginó que su vida sería tan importante para sus compatriotas. Mientras jugaba en las calles de Guaduas y Bogotá, convertirse en espía jamás pasó por su cabeza. Su tierra vivía un conflicto: Colombia estaba bajo el control de España y quería independizarse para ser un país libre. Cuando su familia se involucró en la lucha por la libertad, ella supo que no se mantendría al margen.

«La Pola», como le decían, se volvió mensajera entre miembros del ejército patriota: pasaba recados de forma secreta. Como estaban armando una revolución, debía tener sumo cuidado. Su vida corría peligro si la descubrían.

Con la práctica, la joven se volvió experta en espionaje. Aprovechando su experiencia como costurera, trabajaba en casas de familias españolas cosiendo ropa. Si bien sus manos eran las que movían el hilo y la aguja, los que realmente trabajaban eran sus oídos: escuchaba conversaciones y ataba datos para recolectar la mayor cantidad de información posible. Conocer los movimientos de las tropas enemigas, el armamento que tenían o el número de soldados en cada batallón eran sus objetivos. Hasta llegó a comprar material de guerra y convencer a jóvenes para unirse a la causa revolucionaria.

No obstante, cuando los españoles confiscaron unos documentos de los patriotas en los que aparecía el nombre de Policarpa, su trabajo como espía fue descubierto. Acusada de traición, fue sentenciada a muerte. Tenía solo 22 años.

Su enorme sacrificio encendió aún más el compromiso por la independencia, la cual se consiguió unos años más tarde. Por la invaluable ayuda que ella prestó, su vida es símbolo de valor y sacrificio.

ACTIVISTA

Guatemala, 9 de enero de 1959

Rigoberta Menchú

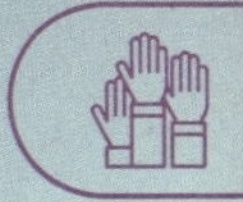

Una voz de muchos pueblos

Cuando tenía solo 5 años, Rigoberta ya sabía lo duro que podía ser el trabajo en el campo. Se había acostumbrado a sentir la tierra de los sembradíos en sus pies descalzos. Pero su padre, Vicente, quería algo distinto para su hija: que fuera una profesional. Soñaba con verla en su bata de médica, en un juzgado como abogada o tal vez en una escuela como maestra.

Como Vicente no podía pagar una escuela, la llevaba con las monjas y les pedía que por favor le enseñaran. Recién a los 14, Rigoberta pudo asistir al colegio. Su alegría fue inmensa. Su padre le había contagiado el deseo de aprender. Increíblemente, acabó los cursos de primaria en solo 12 meses. Ese sería solo el primero de sus numerosos logros.

De adolescente acompañaba a su padre a la capital para alzar su voz y demandar un mejor trato hacia los indígenas. Guatemala atravesaba una guerra civil que mantenía en conflicto al gobierno y a los pueblos mayas. Cerca de doscientos mil indígenas fueron asesinados. La comunidad de Rigoberta, que contaba con cuatrocientos habitantes, se redujo a 12.

Fiel a sus ideales, con 18 años, se unió a una organización campesina que luchaba por los derechos de los indígenas. Sin embargo, tuvo que huir a México luego de perder a su hermano, a su padre y a su madre. Le arrebataron su hogar y a sus seres queridos. Rigoberta denunció los abusos del gobierno guatemalteco y se convirtió en una figura importante que velaba por los derechos indígenas. Participó en varias asambleas y mesas de trabajo de la Organización de las Naciones Unidas.

Por su búsqueda incansable de justicia, su dedicación a la protección de sus hermanos indígenas y su fortaleza para enfrentarse al poder en forma pacífica, se ha convertido en un símbolo de esperanza. Su labor fue reconocida en 1992 con el Premio Nobel de la Paz.

CANTANTE

Barbados, 20 de febrero de 1988

Rihanna

Un diamante bajo el paraguas

A los 15 años, formó un trío musical con sus amigas de la escuela. Cuando se enteraron de que un productor estaba de vacaciones en Barbados, no dudaron en buscarlo. Él se quedó gratamente impresionado con la voz de Rihanna. Es más, estaba tan seguro de su capacidad vocal que la invitó a Estados Unidos a grabar una maqueta para enviarla a distintos sellos discográficos.

El famoso rapero Jay-Z la escuchó y la contrató de inmediato. Sus dos primeros discos vendieron millones de copias, pero un tema del tercero, titulado *Umbrella*, fue un éxito total y convirtió a la joven en un fenómeno comercial. Desde entonces, no ha parado de trabajar. A la fecha, ha grabado cinco discos más, y cuenta en total con más de 250 millones de copias vendidas en todo el mundo.

Ella no solo destaca por su talento, sino también por su gran corazón. Debido a su interés por causas humanitarias, en los últimos años, ha brindado ayuda a niños con enfermedades terminales y ha donado materiales para escuelas sin recursos, al igual que ropa para niños sin hogar. Incluso, recaudó dinero para apoyar las investigaciones que buscan una cura contra el cáncer.

Como empresaria, ha incursionado con éxito en el rubro de la moda y el maquillaje. En ambos, apuesta por la exploración y la diversidad. No solo diseña atuendos originales y llamativos, también ha concebido una línea de maquillaje que ofrece muchísimos tonos para atender a los distintos colores de piel.

Entre su larga lista de premios, figuran nueve Grammys, trece American Music Awards, doce Billboard Music Awards y siete MTV Video Music Awards. Rihanna, además, es empresaria, actriz y ha sido declarada Héroe Nacional de Barbados por su creatividad, disciplina y, sobre todo, por su compromiso con su país. Indiscutiblemente, ella es un diamante que brilla por dentro y por fuera.

ACTIVISTA

Estados Unidos, 4 de febrero de 1913 - 24 de octubre de 2005

Rosa Parks

La rebeldía que movilizó a toda una nación

Todos los días después del trabajo, Rosa volvía a casa en autobús. Al subirse, siempre se sentaba en la parte de atrás. Aunque tenía 42 años, nunca en su vida había podido ocupar los primeros asientos. Lo tenía prohibido. Solo las personas de piel blanca podían sentarse adelante y Rosa era de piel negra.

Hasta que un día tomó una decisión que cambiaría la historia de su país para siempre. Como todas las tardes, Rosa salió de trabajar y se subió al bus. Cuando este se llenó, y algunas personas de piel blanca quedaron de pie, el conductor le pidió a Rosa que se parara y cediera su asiento. Ella se negó. Estaba cansada de que la trataran diferente solo por su color de piel. Rosa fue arrestada por ir contra la ley. Su historia inspiró a más personas de piel negra de su ciudad: decidieron que no usarían el autobús hasta que cambiaran las reglas.

¡La protesta duró más de un año! Durante 381 días, fueron a trabajar o estudiar caminando, en bicicleta o compartiendo un taxi, pero jamás en bus. El reclamo dio resultado y el Tribunal Supremo de Estados Unidos prohibió la división racial en los autobuses. A partir de ese día, cualquiera podría sentarse donde quisiera sin importar el color de su piel. ¡Y todo porque Rosa se atrevió a quedarse sentada!

CANTANTE

España, 25 de septiembre de 1992

Rosalía

La joven que nadie quería escuchar

Impulsada por su padre, cantaba desde los 7 años. Desde ese entonces, no dejó de hacerlo, se fue enamorando cada vez más de las distintas melodías que entonaba y, con gran dedicación, ingresó a la reconocida Escuela Superior de Música de Cataluña. Los comienzos de Rosalía como cantante se pueden definir como una lucha constante para ser oída. Se presentaba en bares, restaurantes y bodas, pero nadie la escuchaba. Las personas preferían conversar, revisar su celular o comer algo. Cualquier cosa menos prestarle atención. Pero eso no la intimidaba, todo lo contrario: le daba más fuerza para seguir adelante.

Sus influencias claramente son el flamenco y los ritmos urbanos. Así, desarrolló un estilo único que le dio una identidad artística. A los 17 años, tuvo que superar uno de sus más grandes obstáculos de camino a la fama, pues sufrió una lesión en las cuerdas vocales. Aquello por lo que había trabajado y estudiado parecía diluirse en la nada. Felizmente, la operación a la que se sometió salió bien y se recuperó por completo.

Al retomar su carrera, se presentó en un programa concurso donde no fue seleccionada. Un jurado le dijo que tenía potencial, mas no sabía aprovecharlo. A pesar de ese nuevo golpe, Rosalía no se dio por vencida. Entre tanto, dio clases de flamenco, actuó en obras de teatro y compuso canciones para marcas de ropa.

Durante cierta presentación, un productor se fijó en ella y le ofreció un contrato discográfico. A partir de ahí, todo fue hacia arriba: colaboraciones con músicos reconocidos, presentaciones en programas de televisión, conciertos en festivales como Coachella, Glastonbury y Lollapalooza, giras internacionales y premios. La chica que nadie quería escuchar consiguió ser oída en el mundo entero y la oportunidad de su vida la encontró trabajando, esforzándose, sin renunciar nunca.

POETA

Grecia, entre 650 a. C y 610 a. C. - 580 a. C.

Safo

Una poeta para la eternidad

Sabemos poco de la vida de Safo. Nos habría gustado saber con qué soñaba de niña, con qué juegos pasaba las horas, si prefería el brillo del día o las estrellas de la noche, si era callada o muy conversadora, si se sentaba tranquila o andaba corriendo de un lado a otro. Sin embargo, en la época en que vivió, no era muy usual que se mencionara a las mujeres en las historias de las ciudades. Pese a ello, su nombre y sus poemas han llegado hasta nuestros días y eso solo puede ser porque fue excepcional.

Safo nació en Mitilene, la capital de la isla de Lesbos, en Grecia. Se considera que debió criarse en una familia de clase alta, pues era un privilegio poco común que una niña en ese entonces supiera leer y escribir. Se sabe que ella estaba a la cabeza de una comunidad en la que se educaba a las chicas en las artes de la poesía y el canto; además de enseñarles a hacer confecciones diversas, como, por ejemplo, coronas de flores. Sus poemas estuvieron dedicados a muchas de ellas, por lo que es una de las primeras escritoras en evidenciar el amor entre mujeres.

Su poema que se conserva más completo es el *Himno a Afrodita*. En su obra, aborda temas como el amor, los dioses o la alegría. Aunque solo una parte pequeña de esta haya llegado íntegra hasta nuestros días, ha sido suficiente para destacar por poseer un ritmo propio y una estructura en los versos tan innovadora que se les conoce como «estrofas sáficas» en su honor. Por esta razón, fue la única mujer considerada entre los 14 mejores autores griegos de su época. Sus obras llegaron a la Biblioteca de Alejandría, en Egipto, y de allí a nuestros días. Un gran viaje en el tiempo para el recuerdo de esta mujer que supo abrirse camino hace siglos.

CANTANTE

Colombia, 2 de febrero de 1977

Shakira

Éxito tras éxito

A Shakira le gustó cantar desde pequeña y asistía al coro de la escuela. No obstante, ahí no le iba nada bien. Al profesor no le gustaba su voz porque era demasiado fuerte, diferente y rompía la armonía del grupo. Pero esto no la intimidó, ella quería ser cantante. A los 8 años compuso su primera canción y a los 14 ya había publicado su primer disco.

Mientras sus amigas celebraban sus fiestas de 15 años, ella firmaba un contrato para grabar tres discos. Conciertos, giras, avisos publicitarios, fama, fortuna: nada de eso ocurrió. Los álbumes tuvieron muy poca aceptación. La joven vio cómo sus sueños se rompían. En ese entonces, la economía de su familia tambaleaba. Al verla conmovida por las penurias que pasaban, su padre la llevó a visitar las zonas más pobres de Barranquilla, su ciudad natal. Shakira se prometió a sí misma que, en cuanto pudiera, ayudaría a los jóvenes a tener más oportunidades.

Fiel a su sueño, no dejó de componer canciones ni de ensayar coreografías, siempre influenciada por sus raíces árabes. En 1995, lanzó otro disco, *Pies descalzos*, el álbum que la puso en la cima. Se hizo conocida en Latinoamérica y, solo un año después, creó una organización para brindar educación a los niños colombianos con menos recursos.

Su siguiente disco, *¿Dónde están los ladrones?*, confirmó que había nacido una estrella. Su carrera despegó y fue una de las primeras artistas latinoamericanas en conquistar el mercado estadounidense y europeo. Ha obtenido varios Premios Grammy y una estrella en el Paseo de la Fama de Hollywood. Compuso canciones famosísimas para los últimos mundiales de futbol. Tras hacer una larga pausa en su carrera para dedicarse a su familia, Shakira volvió con fuerza de frente al número uno de las listas de música. Está más vigente que nunca y sigue dispuesta a ir tras sus sueños.

ARTISTA URBANA
Irán, abril de 1988

Shamsia Hassani

Arte para liberar

Aunque su familia es de Afganistán, Shamsia nació en Irán. Sus padres se habían mudado temporalmente huyendo de la guerra en su país. Mientras crecía, su talento por el arte se hizo evidente. Le encantaba dibujar y pintar, pero cuando quiso seguir clases para mejorar su técnica, no pudo. En Irán, para los afganos estaba prohibido estudiar arte.

A los 17, cuando volvió a Afganistán, una de las primeras cosas que hizo fue inscribirse en la Universidad de Kabul para estudiar Arte. En ese camino, se cruzó con el grafiti. Tras asistir a un taller de arte urbano, encontró que las paredes pintadas podían expresar con gran impacto todo lo que llevaba dentro. Shamsia había regresado a un país golpeado por la posguerra y también por la falta de derechos para las mujeres. Ante esta realidad, no quiso quedarse callada y se atrevió a mostrar en sus grafitis el dolor causado por la destrucción de las guerras.

Se le considera la primera grafitera de Afganistán. Tuvo el valor de transformar las latas de pintura en voz para gritar a favor de la paz y la igualdad. Sus grafitis usan las paredes de Kabul para mostrar a las mujeres en una sociedad donde el hombre es el que manda. Sobre los muros, ella las pinta fuertes, orgullosas, con esperanza y libres para expresarse. Suele representarlas con los ojos cerrados como símbolo de que no tienen nada que ver a su alrededor. Es su forma de criticar la realidad de sus compatriotas.

Su camino ha sido difícil. Hay quienes no están de acuerdo con lo que hace ni con su mensaje. Por eso, enfrenta miradas incómodas y debe tener mucho cuidado. No tarda más de 15 minutos en pintar para evitar alguna posible agresión o incluso un atentado contra su vida. Pese a ello, no da marcha atrás: Shamsia sigue usando el arte como herramienta para el cambio social.

FILÓSOFA

Francia, 9 de enero de 1908 - 14 de abril de 1986

Simone de Beauvoir

La libertad como principio

En su salón de clases, Simone era la primera alumna. Desde muy pequeña, se mostró brillante, curiosa y sensible. «¿Por qué?» y «¿cómo?» eran preguntas que usaba con frecuencia. Le encantaba cuestionar para entender cómo funcionaba el mundo. Al crecer, siguió la carrera de Filosofía y Arte en la Universidad de París. Luego, se convirtió en maestra.

Sus padres compartían la idea de que la única forma de salir adelante era a través de los estudios. Así que siempre la estimularon para que se desarrollara académicamente. Sin embargo, Georges, su papá, nunca ocultó que él habría preferido tener hijos varones y que estos fueran a las más prestigiosas universidades de París. Simone, que todo lo discutía, nunca lo entendió. Ella pensaba que las personas tenían las mismas capacidades. ¡Ser mujer no la hacía menos!

De esa manera, fueron naciendo sus ideas de igualdad y tolerancia, por oposición. En la universidad, se enamoró de Jean Paul Sartre, quien se convertiría también en un escritor de renombre. Los unió su particular forma de ver el mundo, su amor por la escritura y la libertad como principio básico. Simone empezó a escribir novelas y a editar, junto con su pareja, una revista de política y filosofía llamada *Les Temps Modernes*.

Su libro *El segundo sexo* fue el que la consagró por completo. Las ideas sobre las libertades de las mujeres que expone en esa obra siguen teniendo mucha importancia hoy en día. Gracias a esa publicación, Simone se convirtió en una de las precursoras del movimiento feminista, que defiende los derechos de las mujeres hasta la actualidad. Su mirada audaz y su compromiso por la igualdad nos recuerdan que siempre podemos cuestionar las injusticias.

FILÓSOFA

Francia, 3 de febrero de 1909 - 24 de agosto de 1943

Simone Weil

Por la defensa de la paz y la justicia

La infancia de Simone transcurrió entre las interesantes conversaciones que sus padres y amigos sostenían sobre política, economía, literatura y medicina. Lejos de aburrirse, ella los escuchaba con suma atención. Ese ambiente alimentó su curiosidad, así como su deseo de buscar el bien para todos. Por ello, se inclinó por estudiar Filosofía, Literatura Clásica y Ciencia.

Cuando cumplió 20 años, fue a visitar Alemania y, de regreso, escribió largos artículos sobre lo que había visto: el germen de una nueva guerra que se avecinaba. Trabajó en escuelas para niñas y adolescentes, aunque su actitud crítica siempre la metía en problemas. Debido a eso, por un tiempo estuvo de una escuela a otra, pero nada la hizo alejarse de sus ideas de justicia social. No tardó en dar charlas y clases a los obreros para que pudieran reclamar pacíficamente sus derechos. Para entender sus problemas, entró a laborar en una fábrica para vivir lo mismo que ellos y poder pensar en soluciones. Tras esta experiencia, denunció las duras condiciones de trabajo a las que eran sometidos.

Al enterarse de la Guerra Civil Española, decidió ir al frente de batalla junto con otros jóvenes parisinos. Ahí vivió en carne propia los horrores de un enfrentamiento, lo que la hizo convencerse de que la única forma de enfrentar la guerra era a través de la paz, no con más violencia. Desde entonces, se dedicó a escribir artículos y ensayos para denunciar abusos, reflexionar sobre la violencia y defender la libertad. Sus amigos publicaron su obra completa tras su pronto fallecimiento, a los 34 años. Sus ideas trascendieron y hasta hoy nos invitan a reflexionar sobre la importancia de la paz y la justicia. Simone siempre será recordada como un símbolo de valentía en tiempos de adversidad.

ESCRITORA

México, 12 de noviembre de 1648 - 17 de abril de 1695

Sor Juana Inés de la Cruz

Siempre en busca del saber

Su verdadero nombre fue Juana Inés de Asbaje Ramírez de Santillana y, desde temprana edad, se podía vislumbrar que sería brillante. A la sorprendente edad de 3 años, ya era capaz de leer y escribir. Sin embargo, tuvo que mantener su aprendizaje oculto, ya que, en ese entonces, pocas mujeres podían hacerlo sin ser mal vistas.

A los 8 años, escribió una alabanza al Santísimo Sacramento. Esta tenía 360 versos y lo hizo tanto en español como en náhuatl, la lengua de los mexicas que dominaba desde muy pequeña. Pero Juana quería saber más, y encontró lo que necesitaba en la biblioteca de su abuelo Pedro. Ahí pasaba todo el día y era feliz leyendo los clásicos griegos, la Biblia y cuanto libro encontraba. De esa manera, hallaba inspiración para seguir creando.

Leonor Carreto, la esposa del virrey de aquella época, se convirtió en su protectora y la escogió para que fuera su dama de honor. Gracias a ella, Juana pudo frecuentar a intelectuales y artistas, con quienes tuvo la oportunidad de conversar e intercambiar opiniones. En 1669, ingresó al convento de la Orden de San Jerónimo. Juana prefirió ser monja antes que casarse, pues de esa forma podía escribir, recibir visitas y, sobre todo, estudiar libremente.

Juana desarrolló una fructífera producción literaria. Escribió obras de teatro, poesía, ensayos filosóficos y también compuso una gran cantidad de villancicos. Pero más que nada se dedicó a defender el derecho a la educación de las mujeres de su época. Nadie mejor que ella podía dar fe de lo maravilloso que es acceder al conocimiento. Así pasó a la historia como sor Juana Inés de la Cruz, una de las máximas exponentes de la literatura del Siglo de Oro, un periodo de gran esplendor artístico.

DISEÑADORA DE MODAS

Reino Unido, 13 de septiembre de 1971

Stella McCartney

El sueño de una moda justa

A Stella, el arte le corre por las venas. Siendo hija del famoso Beatle, Paul McCartney, y teniendo una mamá fotógrafa, en su casa siempre se respiró creatividad. La pequeña lo expresó a temprana edad, por medio del diseño y la moda. Amaba elegir sus atuendos, mezclar estilos, combinar prendas, colores, texturas. Contaba con solo 13 años cuando diseñó su primera chamarra.

Tentada a seguir su pasión, a los 16 comenzó a trabajar en la conocida casa de moda francesa Christian Lacroix. Entró como becaria y allí pudo aprender cómo funcionaba el mundo de la alta costura desde adentro. Ahí también surgió su preocupación por el impacto que generaba la producción de moda en el medioambiente. Ya enamoradísima de esta profesión, estudió Diseño de Modas en Londres. Como en su graduación debía mostrar su propia colección, convenció a sus amigas, las famosísimas supermodelos Naomi Campbell, Kate Moss y Yasmin Le Bon, para que desfilaran su ropa. ¡Todos quedaron fascinados!

Conforme fue pasando el tiempo, los diseños innovadores y elegantes de Stella ganaron más notoriedad. Tras varios años de trabajar como diseñadora para otras marcas, en 2001 lanzó su propia casa de moda. Y no hubo vuelta atrás, fue aclamada con tremendo entusiasmo. Incluso, llegó a abrir más de cincuenta tiendas alrededor del mundo.

Con la libertad que le daba tener su propia marca, Stella pudo innovar y plantear soluciones a sus antiguas preocupaciones. Actualmente, es una de las pioneras de la moda sostenible. No utiliza ningún producto de origen animal, trata de que sus procesos impacten lo menos posible en el medioambiente y se preocupa por que los trabajadores de la industria laboren en condiciones justas. Con su visión innovadora y su dedicación por el cuidado del entorno, forma parte del cambio hacia una moda más responsable.

ESCRITORA

Estados Unidos, 16 de enero de 1933 - 28 de diciembre de 2004

Susan Sontag

Una mente audaz

Susan perdió a su padre a los 5 años. Su mamá se volvió a casar pronto, por lo que ella cambió de apellido, de Rosenblatt a Sontag, como su padrastro. Desde chica amaba los libros. Podía pasarse horas en su habitación leyendo o escribiendo en su diario, en el que volcaba sus experiencias cotidianas y sus más profundos pensamientos. A los 14, estaba convencida de que tenía mucho que decir.

Cuando cumplió 15 años, ya había terminado la escuela. Estudió Letras y luego, Filosofía en Harvard, también en La Sorbona, en París. De regreso a Nueva York, impartió clases en varias universidades y publicó artículos sobre cultura, arte y filosofía en revistas importantes.

Susan se convirtió en una de las intelectuales más influyentes de su época. Aportó su mirada crítica para analizar lo que ocurría en ese entonces, como la caída del racismo. Con sus artículos y libros, hizo que miles de personas prestaran atención a estos fenómenos y comenzaran a entender lo que pasaba en su entorno. Además, estuvo comprometida con los derechos de las mujeres, por lo que el feminismo fue uno de sus grandes intereses y ella se convirtió en su voz.

Su libro *Contra la interpretación* marcó un antes y un después en la forma de ver el arte. Una de sus ideas principales fue otorgarles espacio y relevancia a las nuevas tendencias artísticas de aquel entonces, como la fotografía, el cine o el *performance.* Hasta ese momento, se les consideraba en un rango inferior por no ser parte de las artes más antiguas, como la pintura o la escultura.

También dirigió documentales y películas, escribió guiones y se posicionó como una firme defensora de los derechos humanos. Y, por supuesto, siguió escribiendo su diario, como cuando era niña. Susan logró que sus ideas hicieran pensar a sus lectores desde otro punto de vista para crear empatía y mayor conciencia.

CANTANTE

Estados Unidos, 13 de diciembre de 1989

Taylor Swift

Una superestrella imparable

Aunque Taylor todavía no había nacido, desde el momento en que sus padres eligieron su nombre, su vida ya estaba conectada con la música. Su madre era fanática del cantautor estadounidense James Taylor, por lo que bautizó a su primera hija como Taylor, en su honor. Y la pequeña entendió el mensaje, pues desde chiquita quería ser artista: actuaba, cantaba, escribía sus propias canciones y tocaba la guitarra.

Comenzó muy joven cantando en bares, clubes o donde se podía. Al poco tiempo, logró firmar contrato con una disquera. A los 16, llegó su primer gran *hit*, *Tim McGraw*. Su álbum debut, en 2006, vendió más de un millón de copias, pero eso fue solo el inicio. Las cifras de éxito no han hecho más que crecer. Su disco *1989* vendió más de 14 millones de copias y se posicionó como el segundo álbum más vendido de la década, según Billboard. De la música *country* pasó al pop y al *rock*, siempre interpretando canciones propias.

Ha lanzado más de diez álbumes con gran éxito, pero no todo ha sido fácil. También le llegaron muchísimos comentarios negativos a través de redes sociales. ¿Taylor se detuvo? ¡No! Los enfrentó componiendo una exitosa canción sobre esa situación. Por si fuera poco, por errores de contrato, perdió los derechos de sus seis primeros álbumes. ¿Qué hizo? Los está grabando de nuevo. Nadie le va a quitar sus canciones.

Taylor sigue siendo un fenómeno mundial. Sus conciertos llenan estadios, es la artista femenina más escuchada en la plataforma Spotify y, en 2023, la prestigiosa revista *Time* la nombró «Persona del año». En 2024, se convirtió en la primera artista en la historia en ganar cuatro veces el Premio Grammy al mejor álbum del año. Por si fuera poco, existe un nombre para identificar a sus fanáticos: los *swifties* con quienes mantiene una relación cercana mediante redes sociales y comparte las alegrías de su brillante carrera musical.

CANTANTE

Colombia, 1 de agosto de 1940

Totó la Momposina

Al ritmo caribeño

Si alguien lleva el ritmo en la sangre, esa es Totó. Su abuelo tocaba el clarinete y dirigió una banda en un pueblo, su padre era tamborero y su madre sobresalía en el baile y canto. En compañía de su familia, recorrió distintos pueblos del Caribe colombiano, y así fue aprendiendo danzas en las que se mezclaba la herencia africana e indígena.

Sin discusión, el lugar que más influyó en ella fue la aldea de Talaigua, ubicada en la isla colombiana de Mompox. De allí procede su apodo de «Momposina». Además, ahí conoció a Ramona Ruiz, dirigente de la comunidad y cantante, de quien aprendió canciones que narraban historias de pescadores y constructores de canoas.

La violencia generó peligros en la zona donde vivía. Si bien tuvieron que mudarse a Bogotá, ella y su familia llevaron consigo su música. Ya de adolescente, Totó se convirtió en la cantante de un conjunto folklórico fundado por su mamá. La banda se presentó en la inauguración de un centro de convenciones en Bogotá y el público quedó maravillado. En 1964, formó su propio grupo, el cual se fue de gira por Centroamérica con apoyo de la Oficina de Turismo de Colombia.

Con el tiempo, puso a bailar al mundo con su sabor caribeño. Cosechó aplausos en Estados Unidos, Francia, Suecia y en la Unión Soviética. Incluso, el escritor Gabriel García Márquez la invitó a acompañarlo cuando le dieron el Premio Nobel de Literatura. Por otro lado, admirador de su música, el famoso cantante británico Peter Gabriel produjo un disco para ella. Aunque tuvo apoyo, sus logros se debieron más que nada a la profunda fe que ella tenía en sí misma.

ASTRONAUTA

Rusia, 6 de marzo de 1937

Valentina Tereshkova

Un sueño que abrió camino para otras mujeres

Valentina vivía en un pueblito al borde de un río donde había una estación de trenes. Allí, las locomotoras iban y venían todos los días. Mientras las veía, ella soñaba con conducirlas para conocer lugares extraordinarios.

Al crecer, comenzó a trabajar en una fábrica de telas, igual que su mamá. A pesar de las duras jornadas, no dejaba atrás su sueño de explorar lo desconocido y, en su tiempo libre, aprendió a saltar en paracaídas. Amaba la sensación de surcar libremente por los aires. Por eso, cuando convocaron un concurso para enviar a la primera mujer al espacio sideral, Valentina se presentó. Quería explorar el universo y observar nuestro planeta desde arriba, mucho más alto de lo que veía desde su paracaídas.

Más de cuatrocientas mujeres se presentaron al llamado. Después de dos años de pruebas y entrenamientos, Valentina fue elegida. El 16 de junio de 1963 despegó a bordo de su nave espacial llamada *Vostok 6*. Viajaba sola y utilizó un nombre clave para la travesía: Chaika, que significa «gaviota» en ruso.

Su viaje duró setenta horas y le permitió dar 48 vueltas a la Tierra, un tiempo de vuelo que ninguno de los astronautas estadounidenses de aquella época había podido lograr. Desde el espacio, pudo tomar fotografías, hacer pruebas y medir las reacciones de su cuerpo. Para volver, debió saltar en paracaídas desde su nave a seis mil metros de altura. Gracias a la gran hazaña de Valentina, hoy conocemos más de nuestro planeta y el universo, y muchas otras mujeres con los mismos sueños pueden seguir su camino.

ESCRITORA

Reino Unido, 25 de enero de 1882 - 28 de marzo de 1941

Virginia Woolf

Un faro para nuevas escritoras

A Virginia le fascinaba narrar el mundo que la rodeaba. Cuando era niña, escribía a mano crónicas en las que narraba la vida de su familia para un periódico que fundó con su hermana. El ejemplo lo tenía cerca: su padre era escritor y periodista. Aun así, para ella no sería fácil seguir su mismo camino, ya que en la época que le tocó las mujeres estaban en desventaja.

Virginia vio cómo sus cuatro hermanos fueron a la universidad, mientras ella debía quedarse cuidando a su papá y a su hermana. Fue educada en casa por tutores y participó de muchas reuniones con los amigos intelectuales de su familia. En esas charlas, escuchó hablar sobre arte, literatura, fotografía, teatro y más. Además, cultivó su talento leyendo, con voracidad, los libros de la biblioteca de su familia. Nunca renunció al sueño de la literatura.

A los 23, ya escribía en una revista literaria. Diez años después, comenzó a publicar novelas. Sus primeros libros no tuvieron gran acogida, pero tras el lanzamiento de *La señora Dalloway* y *El faro*, recibió muchos elogios. Destacaba por su particular forma de narrar y su lenguaje, por momentos, similar al de la poesía.

En 1912, se casó con el escritor Leonard Woolf, del que adoptó su apellido. Su casa se convirtió de nuevo en el centro de reuniones intelectuales. Asistían novelistas, economistas, poetas, filósofos y activistas políticos. Fue entonces que escuchó sobre igualdad, libertad, feminismo y pacifismo.

Virginia escribió teatro, poesía, novelas, ensayos, cuentos y biografías. Y, de ese modo, abrió el camino para otras mujeres. Su ensayo *Una habitación propia* manifestó la importancia del acceso a la educación de las mujeres, así como la necesidad de que existieran más escritoras. Desde ese entonces, no dejó de crear y, hasta ahora, su legado inspira a más mujeres a hacer escuchar sus voces.

ESCRITORA

Polonia, 2 de julio de 1923 - 1 de febrero de 2012

Wisława Szymborska

Poeta contra viento y marea

Wisława llegó al mundo en una época complicada. Durante su infancia, comenzó la Segunda Guerra Mundial y Alemania ocupó su país. Fue por ese motivo que solo pudo estudiar en la universidad hasta que terminó el conflicto. Antes, había tenido que hacerlo a escondidas, de forma clandestina, pues a los ciudadanos polacos no se les permitía asistir a la escuela. La guerra no pudo vencer sus deseos de aprender.

Estudió Lengua y Literatura Polaca, además de Sociología. Durante su etapa universitaria, publicaba poemas en periódicos y revistas, aunque ya escribía poesía desde que era una niña. Anotaba sus poemas en un cuaderno escrito a mano y, con mucha ilusión, se los enseñaba a su familia; ellos le celebraban cada verso y notaban su temprana vocación.

Su primer libro de poemas, titulado *Por eso vivimos*, fue amado por los lectores debido a la sencillez de sus palabras y la forma de transmitir sentimientos y sensaciones. Luego, siguieron los poemarios *Preguntas hechas a una misma* y *Llamada al Yeti.* Conforme escribía, se iba alejando de las normas de ese entonces y se acercaba más al humor, ingenio y empatía, como recursos para tratar delicadamente los problemas de la vida cotidiana. Ese estilo era novedoso y se volvió su manera de imponer su propio camino en la escritura.

Wisława escribió más de 15 libros, entre poesía y prosa. Además, publicó muchos artículos de crítica literaria, reseñas de libros e hizo traducciones al polaco de los antiguos poetas franceses. Finalmente, en 1996, le otorgaron el Premio Nobel de Literatura por su destacada carrera y su obra fue traducida a decenas de otros idiomas.

ACTRIZ

México, 11 de diciembre de 1993

Yalitza Aparicio

De las aulas a las pantallas

Cuando se imaginaba su futuro, Yalitza Aparicio se veía a sí misma como profesora. De muy pequeña, ella conoció las dificultades de aprender. Dado que su nombre no era nada común, la emisión de su acta de nacimiento se retrasó y no pudo entrar al colegio cuando le tocaba. Amablemente, una profesora la aceptó como observadora, mientras se corregían sus documentos.

Ya más grande, se convirtió en maestra de preescolar. Trabajaba de día y estudiaba de noche; hasta que, un día, su hermana la convenció de asistir a una audición de cine. Ella aceptó y su vida dio un giro totalmente inesperado. Su talento sorprendió y la eligieron para un papel en *Roma*, una película del famoso director mexicano Alfonso Cuarón.

Yalitza deslumbró al público y a los críticos de cine con su personaje de Cleo, una trabajadora del hogar de una familia de clase alta en Ciudad de México. Por esa interpretación ganó, en 2018, el Premio a la Mejor Nueva Actriz en los Hollywood Film Awards. Además, recibió otras nominaciones en premios destacados como los Platino, Ariel, Critics' Choice Awards y, por supuesto, los Oscar, donde fue nominada a mejor actriz, pese a ser su primer papel en cine. Todo esto debería ser motivo solo de alegría y admiración, pero también causó comentarios discriminatorios de otros actores y del público. ¿Cuál era el motivo? Que Yalitza era una mujer indígena.

Llegó a pensar que lo mejor sería dejar el cine. No obstante, se dio cuenta de que estaba abriendo camino para más hombres y mujeres indígenas. Además, su fama le permitía alzar la voz contra la discriminación. Así que decidió seguir. En 2019, el medio británico BBC la incluyó en su lista de las cien mujeres más inspiradoras e influyentes del mundo. Ese mismo año, la Unesco la nombró Embajadora de Buena Voluntad. Tal vez su nombre no suene común, pero hoy es reconocido internacionalmente.

ARTISTA PLÁSTICA

Japón, 22 de marzo de 1929

Yayoi Kusama

Una artista de luz, color y sombras

Yayoi desarrolló su gusto por la pintura desde que era muy pequeña. Para su mala suerte, la escasez por la que atravesaba Japón al entrar a la Segunda Guerra Mundial hizo que no pudiera desarrollar su arte como ella quería. A manera de lienzos, tuvo que usar los sacos de granos que su familia vendía, mezclar colores para obtener otros o usar arena para volver más densas las pinturas.

A temprana edad, se manifestó en ella un desorden mental que le hacía ver puntos y luces, así como tener pesadillas, pero Yayoi convirtió eso en arte. A los 19 años, entró a estudiar Pintura a la Escuela Municipal de Artes y Artesanías de Kioto. Sin embargo, se dio cuenta de que la forma tradicional de pintura japonesa no era lo suyo. Ella soñaba con pintar algo novedoso, pero todavía no sabía cómo; así pues, se mudó a Nueva York, Estados Unidos, en busca de un estilo propio.

En esa ciudad, exploró con la pintura, collage, escultura, películas y *performance*. En muchas ocasiones, sus patrones repetitivos eran los protagonistas de sus obras. Empezó a crear instalaciones, como su famosa *Infinity Mirrored Rooms*, que ha recorrido los museos del mundo. Con esa instalación, buscaba explorar, al mismo tiempo, la luz y la oscuridad, el color y las formas repetitivas, todo gracias a espejos dispuestos en habitaciones. Ella trata de producir sensaciones de paz, pero también desea inquietar; asimismo, plasmar sus sueños y pesadillas.

Yayoi no ha dejado de trabajar desde su mundo interior. Ha esculpido calabazas, como las que veía de niña; ha creado espacios infinitos de sombras y destellos; ha cubierto de lunares coloridos lienzos, cuartos enteros y hasta árboles. En suma, ha hecho de su mente un lugar donde, finalmente, puede ser feliz, un lugar lleno de originalidad.

ATLETA

Venezuela, 21 de octubre de 1995

Yulimar Rojas

La reina del salto triple

En una humilde casa de Puerto La Cruz, en Venezuela, vivían Yulimar y sus seis hermanos. Cuando llovía, el agua se filtraba por el techo y a la pequeña le daba miedo. Las tormentas eran de las pocas cosas que le asustaban, pero, en el día a día, era una niña decidida y llena de energía. Por esa razón, cuando vio competir a la selección venezolana de voleibol en los Juegos Olímpicos de Pekín 2008, se inspiró y fue al polideportivo del barrio. Quería jugar como ellas. También quería ganar.

A su llegada, no había ningún entrenador de voleibol, pero fueron los técnicos de atletismo quienes la reclutaron. Tenía 13 años y, sin que nadie pudiera imaginarlo, el atletismo mundial acababa de fichar a su futura estrella. Con unas piernas larguísimas que la hacían casi volar, Yulimar comenzó a competir en salto de altura y salto de longitud. Su gran compromiso y su máximo esfuerzo al entrenar la llevaron a mejorar cada vez más hasta ser campeona nacional y sudamericana juvenil. Pero su verdadero potencial se destapó cuando probó el salto triple.

En 2015, a los 19 años, ganó el Sudamericano. Al año siguiente, terminó segunda en los Juegos Olímpicos de Río 2016. Si antes su nombre empezaba a hacerse conocido, hoy es inconfundible. Yulimar ganó el oro olímpico en salto triple en Tokio 2020 y es cuatro veces campeona del mundo. Con un salto de 15 metros y 74 centímetros, también es dueña del récord mundial. Ahora, su meta es pasar los 16 metros.

Además de romper todas las marcas en su disciplina, Yulimar es representante de la comunidad LGTBIQ+ y utiliza su fama para promover una sociedad diversa, inclusiva e igualitaria. Indiscutiblemente, motiva a otros dentro y fuera de las pistas deportivas.

ARQUITECTA

Irak, 31 de octubre de 1950 - 31 de marzo de 2016

Zaha Hadid

El arte de romper lo establecido

No había nada que Zaha amara más que los paseos con su familia al sur de Irak. Ahí, visitaban antiguas ciudades sumerias, que fueron la primera civilización del mundo y que despertarían el interés de la joven por el diseño y las formas. Además, a ella le agradaba escuchar en su casa las largas conversaciones que se sostenían sobre arte y política, y en el colegio se interesaba por los números y las cifras.

Por eso, cuando terminó la escuela decidió estudiar Matemáticas. Luego, Arquitectura en Londres. Pronto, fue reclutada para trabajar con dos de sus profesores favoritos. ¡Estaba encantada de seguir aprendiendo! Fue entonces que comenzó a delinear las formas naturales y curvas que la caracterizarían más tarde. En 1980, Zaha fundó el estudio Zaha Hadid Architects, para crear diseños con estilo propio.

Usó materiales modernos e innovadores, como concreto y aluminio, así como ángulos y líneas inesperadas. Nada de lo que hacía era convencional. Asimismo, el uso de tecnología avanzada le hizo ganar más prestigio. Le pidieron que hiciera obras cada vez más grandes, las cuales llegaron a ser más de mil en todo el mundo. Entre ellas, destacan la estación de Bomberos Vitra, en Alemania; la plataforma de saltos de esquí Bergisel, en Austria; el MAXXI, Museo Nacional de las Artes del siglo XXI, en Roma; y el Estadio Al Janoub, en Catar.

La niña que amaba los números, que luchó y venció una serie de prejuicios como ser mujer y árabe, se convirtió en una famosa arquitecta. Fue la primera mujer en ser galardonada con el Premio Pritzker de Arquitectura, el más prestigioso de su campo, entre muchos otros más. Sus obras redefinieron las formas del diseño contemporáneo e inspiraron a muchos a soñar en grande.

ARQUERA
Irán, 30 de abril de 1985

Zahra Nemati

Con la superación en la mira

Zahra no se perdía ni una de sus clases de taekwondo. Cuando se inició en las competencias, no paró hasta obtener su cinta negra. No obstante, en 2003, con solo 18 años, sufrió un terrible accidente de auto que la alejó del deporte que tanto amaba. Perdió la movilidad de sus piernas y, desde entonces, debe usar una silla de ruedas para trasladarse. Fue un cambio drástico e inesperado que la entristeció mucho.

A pesar de eso, Zahra decidió que no iba a dejar el deporte porque la hacía feliz. Así que optó por practicar tiro con arco desde 2006. Valiéndose de su gran determinación, se acercó a esa disciplina con deseos de aprender y superarse. Al cabo de un buen tiempo, se convirtió en una de las arqueras paralímpicas más condecoradas e influyentes de todos los tiempos. Fue la primera atleta iraní en ganar una medalla de oro olímpico, y lo hizo en los Juegos Paralímpicos de Londres 2012. En los siguientes Juegos Paralímpicos y Olímpicos, en Río de Janeiro 2016, repitió su histórica actuación y en los de Tokio 2020, consiguió un puntaje perfecto, lo que le valió su tercer oro. ¡Zahra rompió en llanto de la felicidad!

Pero ella no solo es una gran deportista. A partir de su exposición mundial, se comprometió con la defensa de los derechos de las personas con discapacidad, así como el de las mujeres, dentro y fuera de su país. Por eso, fue invitada a la Convención de las Naciones Unidas para hablar sobre los derechos de las personas con discapacidades. Además, fue nombrada la primera Embajadora para el Entendimiento Global de los Objetivos de Desarrollo de la ONU.

En 2021, el Comité Paralímpico Internacional reconoció su labor y le otorgó el Premio del Reconocimiento Internacional de la Mujer, por crear conciencia sobre la inclusividad de las mujeres y las personas con discapacidad. Un accidente le hizo perder algo importante, pero no su amor por el deporte ni su perseverancia.

La receta de la REBELDÍA

Rebelde no siempre significa ser alguien desobediente. Más bien, es una persona que ve las cosas de una manera diferente, y desde su espíritu inconforme, quiere cambiarlas positivamente.

¿Qué necesitamos?

Creemos que la rebeldía tiene como ingredientes:

- Una cucharada grande de curiosidad
- Media taza de creatividad
- Grandes cantidades de paciencia
- Mucha persistencia
- Una pizca de miedo al fracaso

Se mezclan todos estos elementos junto con empatía y observación. El resultado será demasiado potente. Verás que el miedo se diluyó. Incorpora un poco de humildad al final para apreciar e inspirarte en el trabajo de otros.

¿Qué obtenemos?

Esta combinación da como resultado a alguien con ganas de cambiar el rumbo de la humanidad.

¿Qué es para ti ser rebelde?

Explícanos con tus propias palabras.

¿Qué otros ingredientes debe tener la rebeldía para ti?

¿Quién es rebelde a tu alrededor?

Piénsalo.

Si tuvieras que describirle a alguien cómo es esa mujer rebelde que tienes en mente, ¿qué dirías? Puedes añadir sus valores y sus características intelectuales, emocionales y físicas. Puedes anotarlo en este espacio y, si quieres, ¡muéstraselo a otras futuras rebeldes!

Dibuja o pega una foto de tu rebelde.

¿En qué rebelde te quieres convertir?

Ya diste los primeros pasos. Ahora es buen momento para pensar qué tipo de rebelde vas a ser. ¿Cómo te gustaría desarrollar tu rebeldía? ¿Quiénes te van a ayudar? Escríbele una carta a tu versión rebelde del futuro.

 Dibuja cómo imaginas tu futuro en rebeldía.

Los caminos de la REBELDÍA

Si miras a tu alrededor, la rebeldía está en todos lados y en todos los campos. Dependiendo del área de desarrollo, puede presentar distintos matices y hasta es posible que surjan retos diferentes, pero siempre apunta a cambiar el mundo de alguna manera.

Si deseas, explora este libro a tu manera, siguiendo el orden que prefieras. Con ese fin, te presentamos agrupadas por categorías a nuestras rebeldes para que puedas seguir los distintos caminos que ellas han construido con su esfuerzo en la política, el arte, la ciencia o el deporte. Tú también puedes aportar con tu propia rebeldía. ¡Busca sus historias y sigue sus rutas!

LAS REBELDES EN LA POLÍTICA

Estas mujeres alzaron su voz de protesta e iniciaron una revolución mediante la paz. En otros casos, lograron abrirse paso como líderes que han hecho historia.

LAS REBELDES EN EL ARTE

Se dice que las artistas son rebeldes por naturaleza. Lo que en realidad sucede es que ellas se destacan por ver el mundo de una manera diferente y lo expresan a través de sus obras. Nos han dejado nuevas miradas y la posibilidad de romper con lo establecido para buscar caminos alternativos para la creatividad.

LAS REBELDES EN LA CIENCIA

Para las mujeres entrar en la ciencia ha sido una larga carrera, pues especialmente en este campo no se les estaba permitido participar. Pero, poco a poco, las rebeldes sortearon obstáculos y lo conquistaron.

La rebeldía en el deporte tiene más que ver con llevar el cuerpo al máximo nivel para superar ciertos límites. Ello no tiene que ver con la capacidad física, sino con el estado mental, anímico, o las capacidades intelectuales y cognitivas de estas grandes deportistas.

GIRL
XOXO